LES
CORIOSOLITES
REGINEA
FANO-MARTIS ET CORIALLO

Par F. LIGER

Ancien architecte Inspecteur divisionnaire de la Voirie de Paris,
Membre de plusieurs Sociétés savantes.

PARIS
CHAMPION, ÉDITEUR
Quai Voltaire, 9.

1894-1895

LES CORIOSOLITES

REGINEA, FANO-MARTIS ET CORIALLO

LES
CORIOSOLITES
REGINEA
FANO-MARTIS ET CORIALLO

Par F. LIGER

Ancien architecte Inspecteur divisionnaire de la Voirie de Paris,
Membre de plusieurs Sociétés savantes.

PARIS

BAUDRY, ÉDITEUR.

Rue des Saints-Pères, 15.

1894

LES CORIOSOLITES
REGINEA, FANO-MARTIS ET CORIALLO

I

LES CORIOSOLITES, FANO-MARTIS ET REGINEA

Les Coriosolites qui confinaient aux Osismiens, aux Diablintes[1], aux Redons et aux Vénètes, occupaient le territoire du département des Côtes-du-Nord ; ils sont cités quatre fois par César, dans ses Commentaires :

La première après le récit de la guerre des Belges[2].
La seconde au sujet de la guerre des Vénètes[3] :

---

1. Contrairement aux idées reçues, les Diablintes joignaient la mer. Voyez *Les Diablintes, Alet et Jublains*, par Liger, ouvrage devant être prochainement publié.

2. Eodem tempore a P. Crasso, quem cum legione una miserat ad Venetos, Unellos, Osismios, Cvriosolitas, Sesuvios, Aulercos, Redones, quæ sunt maritimæ civitates, Oceanumque attengunt, certior (Cesar) factus est, omnes eas civitates in ditionem potestatemque populi Romani esse redactas (*De Bello Gallico*, lib. II-c. viii).

Dans le même temps, P. Crassus détaché avec une légion chez les Vénètes, les Unelli, les Osismiens, les Curiosolites, les Sesuviens, les Aulerces, les Redons, cités maritimes joignant l'Océan, fit savoir à César qu'il les avoit toutes réduites sous l'empire de la puissance du peuple Romain.

3. P. Crassum cum cohortibus legionariis XII et magno numero equitatus in Aquitaniam

Il (César) fait partir P. Crassus avec douze cohortes légionnaires et beaucoup de cavalerie

La troisième dans les mêmes circonstances[1].

La quatrième et dernière fois dans la nomenclature des peuples qui fournirent des contingents pour la guerre de Vercingétorix[2].

proficisci jubet, ne ex his nationibus auxilia in Galliam mittantur ac tantæ nationes conjugantur Q. Titurium Sabinum legatum cum legionibus III in Unellos, Curiosolitas, Lexobiosque mittit, qui eam manum destinendam curet. D. Brutum adolescentem, classi Gallicisque navibus, quas et Pictonibus et Santonis reliquisque pacatis regionibus convenire jusserat, præfecit et quam primum possit, in Venetos proficisci jubet. Ipse eo pedestribus copiis contendit. (De Bello Gallico, lib. III, c. III).

1. P. Crassus adolescens cum legione VII proximus mare Oceanum Andibus hiemabat. Is, cum in his locis inopia frumenti erat, præfectos tribunosque militum complures in finitimas civitates, frumenti commeatusque petendi causa, dimisit : quo in numero erat T. Terrasidius missus in Sesuvios, M. Trebius Gallus in Curiosolitas, Q. Velanius cum T. Sillo in Venetos. Ibid. lib. III, c. II.

2. Universis civitatibus, quæ Oceanum attingunt quæque eorum consuetudine Armoricæ appellantur, quo sunt innumero Curiosolites, Redones, Ambibari, Caletes, Ossismii, Namnetes (douteux) Veneti, Unelli, sena milia imperant. (Ibid. lib. VII).

pour l'Aquitaine, afin que les Gaulois n'en tirassent pas de secours et que des peuples aussi puissants ne vinssent pas à se réunir. Il détacha son lieutenant Q. Titurius avec trois légions pour tenir en échec les Unelli les Coriosolites et les Lexobiens (Sesuviens peut-être), et donna au jeune Brutus le commandement de la flotte et des navires rassemblés chez les Pictons, les Santons et les autres peuples amis, avec ordre de partir au plus tôt pour la Vénétie, où il s'achemina lui-même avec son armée.

Le jeune P. Crassus hivernait avec la 7e légion chez les Andes, tout près de l'Océan ; le blé manquant dans ce canton, il envoya plusieurs préfets ou tribuns demander des vivres aux cités voisines. T. Terrasidius fut, entr'autres, député chez les Sesuviens, M. Trebius chez les Curiosolites et Q. Velanius avec T. Sillus chez les Vénètes.

Pour toutes les cités que baigne l'Océan et que les Gaulois appellent Armoricaines, les Curiosolites, les Redons, les Ambibares (peuple d'Avranches), les Osismiens, les Caletes (les Diablintes, nom transporté ou transformé), les Vénètes et les Unelli à 6,000 hommes.

On doit supposer que le nombre sexaginta manque ici ; car il n'est pas supposable que les huit peuples de l'Armorique ne fournirent que six mille hommes alors que les Cénomans sont portés à six mille pour le même objet; les Eduens, les Segusiens, les Ambivarètes et les Aulerces Brannovices a trente-cinq mille ; les Cadurces, Gabules Velaunes et Arvernes aussi à trente-cinq mille ; les Rauraques et Boiens à trente mille.

Par ces citations on voit que les Coriosolites opposèrent une vive résistance aux Romains jusqu'à l'issue fatale de la guerre de l'indépendance.

Sans preuve certaine, mais avec toute apparence de raison, on a supposé que ce peuple fut classé parmi les vingt-sept cités de la Lyonnaise, dans l'organisation des Gaules, sous Auguste, l'an 27 avant l'ère nouvelle.

Pline, dans sa nomenclature des peuples de la Gaule Lyonnaise, les mentionne sous le nom de Coriosovelites sans inscrire le nom de leur capitale [1].

Ptolémée, qui donne régulièrement les noms propres des peuples et des villes, est muet en ce qui concerne les Coriosolites et leur capitale, ce qui ne peut s'expliquer que par une omission de copiste.

Comme Ptolémée est à peu près le seul auteur qui nomme régulièrement les villes gauloises, on reste sans indication sur le nom propre de la capitale des Coriosolites.

La Notice des Provinces de l'Empire, dont la date n'est pas certaine et qu'on place à tort ou à raison dans le cadre des IVe et Ve siècles, désigne une civitas sous le nom de Corisopitum que des auteurs placent à Quimper [2].

---

1. Intus autem Hedui fœderati Carnuti fœderati, Boii, Senones Aulerci qui cognominantur Eburovices, et qui Cenomanni, Meldi liberi, Parisii, Trecones, Andegavi, Viducasses, Bodiocasses, Unelli, Curosovelites, Diablendi, Rhedones, Turones, Atesui (Arvii apparemment), Secusiani (Sesuviens probablement) liberi in quorum agro colonia Lugdunum. Pline, lib. IV.

2. Provincia Lugdunensis III. Metropolis civitas Turonum (Tours), civitas Cenomannorum (Le Mans), civitas Rhedonum (Rennes), civitas Andecavorum (Angers), civitas Namnetum (Nantes), civitas Coriosopitum (pour Coriosolitarum), civitas Venetum (Vannes), civitas Osismorum (Coz castel d'Ach.), civitas Diablintum (Jublains). — Les manuscrits qui nous ont transmis le texte de la Notice de l'Empire sont disparates. On lit *Corisopitum* sur ceux qui sont indiqués A, B, T, I, N, S, T, U, V; *Chorisopitum*, sur les J, K; *Consolitum*, sur E; *Namnetum*, sur L, Q; *Conisolitum*, sur M; *Corisopotum*, sur P; *Consolitum*, sur Y. — Le manuscrit A est du Xe siècle; B et E du IXe; J et L du Xe; M du Xe; N du XIIe; P du Xe; Q du XVe; T, U et V du XIVe; Y du XVe.

Il peut se faire qu'il y ait eu une circonscription du nom de Corisopitum dans le diocèse de Quimper, et cela paraît certain [1]; mais, pour nous, le texte de la Notice a dû être tronqué, et c'est Coriosolitarum qu'il faut y lire; car Quimper est en plein pays Osismien nominativement désigné dans la même Notice, sous son nom propre. Il y aurait donc eu superfétation, ce qui est inadmissible. La multiplicité d'un même nom appliqué dans divers pays ne change pas les conditions géographiques du lieu [2].

Notons que les seuls documents sur lesquels on s'appuie pour tronquer le texte de la Notice appartiennent exclusivement au Moyen-Age, sans qu'aucun élément archéologique puisse être invoqué.

D'ailleurs, nous avons la preuve de l'existence des Coriosolites, dans les Côtes-du-Nord, par des inscriptions et des bornes leugaires restées en place sur les voies convergeant à Corseul capitale des Coriosolites.

On ne pourrait alléguer que ce peuple était démembré lorsque les Notices furent rédigées, car dans les Annales d'Eginhard, au VIII° siècle, il est raconté que les Bretons insulaires, chassés de leur île par les Anglais

---

1. Des études ethnologiques fortifiées d'inductions historiques portent à croire que pendant la guerre des Romains le fond de la Bretagne fut une sorte de Calédonie où étaient transportées des fractions des peuples rebelles ou trop turbulents. Il ne serait donc pas impossible que le nom de Corisopitum, dans le pays de Quimper, soit dû à une immigration des Coriosolites dans une circonstance de cette nature. La même remarque a déjà été faite au sujet des Arviens ou Essuens. (Voyez *La Civitas Ouagerition*, par Liger, chez Baudry, rue des Saints-Pères, 15, à Paris).

2. Dans le diocèse de Quimper il y eut une fraction de Coriosolites immigrés peut-être; mais admettre que la Notice des Provinces, acte officiel de l'Empire, ait mentionné cette fraction immigrée du peuple comme étant la civitas Coriosolitarum qui existait en plénitude à Corseul à cette même époque, comme l'attestent les bornes milliaires de Saint-Méloir et du Genest, c'est impossible, matériellement impossible, d'autant plus que cette dernière civitas n'est mentionnée sous aucun nom dans la Notice des Provinces alors que celle des Osismiens y figure en toutes lettres.

et les Saxons, traversèrent la mer et vinrent chercher un asile chez les Vénètes et les Coriosolites [1].

Les bornes leugaires attestant l'existence de la ville capitale des Coriosolites sont :

1° Celle de Saint-Méloir, placée à trois lieues gauloises de Corseul, en bordure d'une voie encore appe-

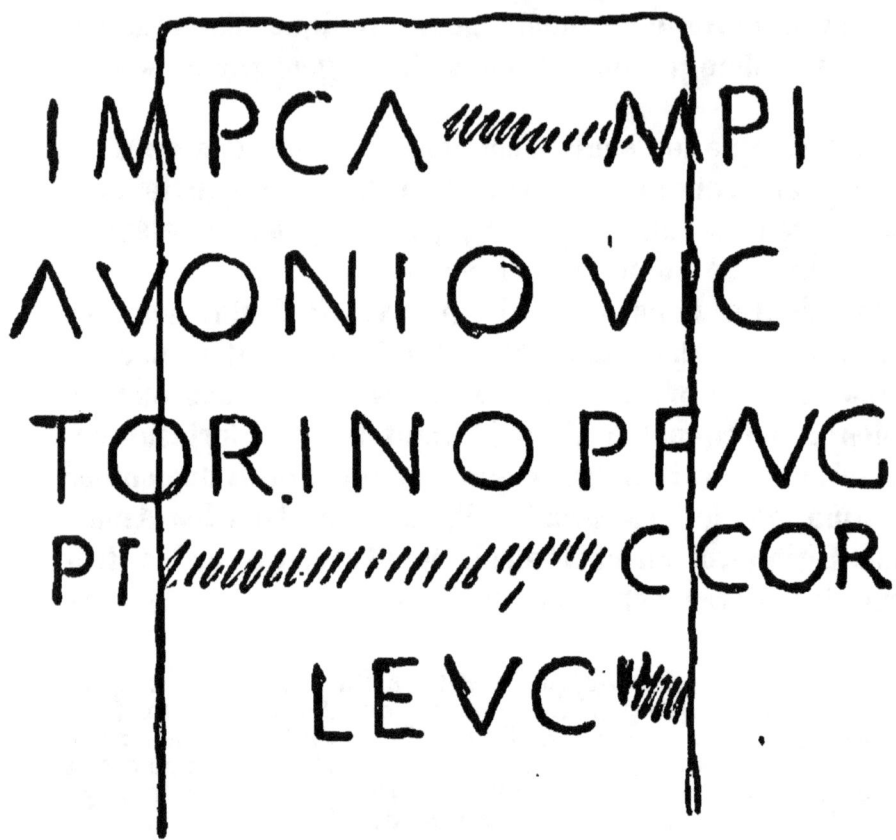

Fig. 1.

lée l'Estrat, conduisant à Vannes. Cette borne sur laquelle on lit : C COR. L. III, a été décrite par M. Robert Mowat dans le *Bulletin archéologique de*

---

[1]. Cum ab Anglis et Saxonibus Britannia Insula fuisset invasa, magna pars incolarum ejus mare trajiciens in ultimis Galliæ finibus Venetorum et Coriosolitarum regiones occupaverat.

la Mayenne, tome VI (1892). Nous la reproduisons figure 1.

2° Celle du Genest, trouvée à environ 12 kilomètres de Laval et portant le même sigle C COR, aussi décrite dans le *Bulletin* précité, figure 2.

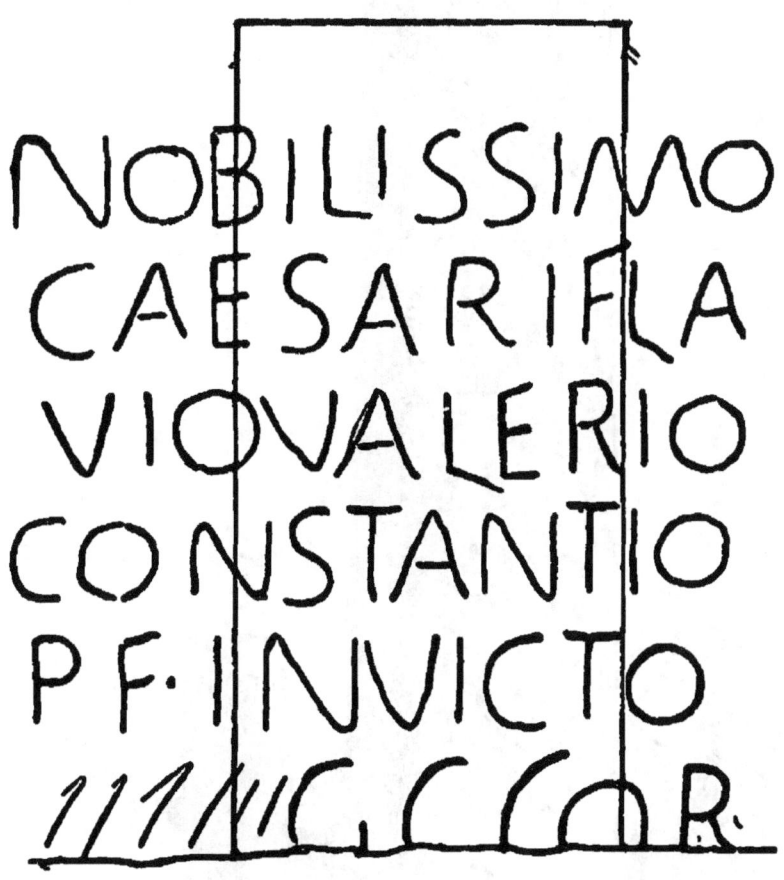

Fig. 9.

Sur cette dernière borne, colonne, qui est aujourd'hui déposée au musée de Laval (Planch. 1), on voit, au-dessous de C COR, et en lettres de même facture, un C déformé et un S qui, sans doute possible, signifient CIVITAS SVBDVNVM, signification qui demeure confirmée par la découverte que nous avons faite, au moins dans

— 13 —

Planche I.

ses parties principales, d'une voie romaine du Mans à Corseul passant par le Genest [1].

Corseul, où l'on a trouvé à toutes les époques des ruines importantes, fut donc une ville dont les initiales étaient COR, et cette ville était la capitale des Coriosolites.

L'assimilation de l'ancienne capitale des Coriosolites à Corseul n'est ni contestable ni contestée; mais le nom de la ville n'est pas connu autrement que par les sigles COR inscrits sur les bornes précitées; car ces sigles ne peuvent s'appliquer au peuple puisque les bornes milliaires et leugaires portent les noms des villes et non ceux des peuples jusqu'au IV° siècle.

Effectivement, pendant les trois premiers siècles, les villes capitales étaient désignées par leur nom propre, différent de celui des peuples dont elles étaient la tête; ce ne fut qu'au IV° siècle qu'elles prirent exclusivement les noms de ces peuples, sur les actes officiels.

Ainsi, aux I°, II° et III° siècles la ville du Mans se nommait Civitas Subdunum, au IV° elle prend le nom

---

[1]. Cette voie que nous décrirons sommairement ci-après était un véritable monument. Certaine partie de son encaissement en scories existe encore sur une longueur de plus de 800 mètres et cube plus de 7,000 mètres; d'autres ont été démolies sur des longueurs variant de 50 à 200 mètres. Elle traversait la Mayenne à N.-D. des Perils, au Nord de Laval, où l'on voit les restes d'une église en petit appareil antérieure au VI° siècle. — Le Genest fut un grand carrefour, peut-être davantage! C'est à ce point que la voie de Corseul à Tours, faisant corps avec celle du Mans, se détachait de celle-ci pour gagner la métropole par Grenoux, Meslay, Sablé, la Flèche. C'est encore à ce point, qu'en sens inverse, la voie du Mans à Rennes, se confondant avec celle de Corseul, en sortait pour se diriger sur la capitale des Redons par Port-Brillet et en Vitré. — Il ne serait même pas impossible qu'une autre chaussée passât là : celle de Jublains à Vannes et Durette. Les fouilles de M. Lambert près d'Andouillé, de même que les noms de Verrie (Viaria) et de Loiron (Laura, grand chemin) seraient de nature à le faire supposer. — On peut croire que ces deux lignes frustres qui apparaissent à peine sur la colonne précitée avaient trait à ces bifurcations. Le dernier mot n'est donc pas dit sur cette intéressante colonne.

— 48 —

de Civitas Cenomannorum qui, auparavant, ne s'appliquait qu'au pays seul [1].

Les bornes milliaires et leugaires, sauf de rares exceptions, portaient donc aux trois premiers siècles, les noms des villes comme l'indiquent la Table Théodosienne et les itinéraires, même celui de Bordeaux à Jérusalem qui est pourtant postérieur au III° siècle [2].

---

[1]. Le nom de Civitas s'appliquait aux deux choses pendant les trois premiers siècles.

[2]. Les seules exceptions que nous connaissions sont celles qui demeurent plus ou moins attestées par des découvertes dont l'énumération suit :

1° La borne trouvée à Paris en 1877 et sur laquelle on lit :

```
       dd nn NA
    M
    F         V
    E
    AVG. O ET
    DN GAL VAL
    MAXIMO
    NOBIL    CAES
    A CIV. PAR.
      R    CV
```

qu'on traduit ainsi : Dominis Nostris Mario Aurelio Maximiano Augustis et Domino nostro Galerio Valerio Maximo, nobilissimo Cæsari. — A Civitate Parisiorum Remos, tentum et quinque millia passuum

2° Une borne trouvée dans le Poitou portant le sigle C. P. et non plus C. L. pour Civitas Lemono.

3° Une autre borne trouvée à Saint-Gondran au nord-ouest de Rennes portant C. PIOESVVIO, TETRICO NOBILI CAESAR C. R., au lieu de C. C. civitas condate.

4° Un autre trouvée à Nantes et à peu près semblable à la précédente.

5° Sur la borne de Brimont, près de Rennes on lit .....VICTORINO ...O. R.

6° La colonne de Javols de 2m sur 0m60 porte : C. GAB.

Il y aurait beaucoup à dire sur ces documents : La borne de Paris n'a pas tous les caractères d'authenticité et il est à craindre qu'elle ne soit l'œuvre d'un mystificateur, à moins qu'elle ne soit un fac-similé fabriqué au IV° ou V° siècle avec certaines modifications du texte de l'original.

Les C qui précèdent les initiales des autres inscriptions peuvent aussi bien vouloir dire Cives que Civitas, de telle sorte qu'on aurait Cives Pictonenses, Cives Redonum etc. s'appliquant au pays et non à la capitale.

Il est bon de ne pas perdre de vue des bornes relatives à des

Dès lors, ce n'est plus par le sigle COR qu'il faut chercher le nom du peuple, mais bien celui de la ville.

En vue de combler la lacune résultant du silence de Ptolémée, d'Anville a proposé d'attacher à Corseul le nom de Fano-Martis, indiqué par la Table Théodosienne sur une voie partant de Rennes et tendant à Reginea, ville qu'il place au bord de la mer, à Erquy, au fond d'une crique, entre le cap Fréhel et Saint-Brieuc.

En quête d'une solution, M. Desjardins s'est emparé de cette thèse et a voulu la soutenir en alléguant :

Que Corseul fut une civitas; — qu'une voie antique reliait ces deux villes, en se prolongeant sur Avranches; — que les cotes de distance de la Table Théodosienne coïncideraient avec la disposition des lieux; — qu'il existe des ruines romaines à Erquy; — qu'enfin on a trouvé à Corseul une inscription portant le nom des Coriosolites.

Ces allégations ne paraissent pas concluantes; car, s'il est vrai que Corseul était une civitas, cette qualité ne lui octroie pas le nom de Fano-Martis; — car, les voies romaines autour d'une civitas et communiquant aux civitates voisines et à la mer sont d'ordre, et n'impliquent rien quant aux noms des villes; — car, les débris antiques d'Erquy ne diffèrent de ceux qu'on trouve à profusion sur les rivages de la mer entre Saint-Brieuc et Saint-Malo que par l'établissement d'un camp destiné à la défense du pays; — car, à notre avis, la lieue gauloise était de 2436 mètres et non de 2222 que l'auteur applique, et dès lors, la cote des distance n'a plus d'objet[1].

bornages publics. Une inscription de Rennes porte O. R. Ordo Redonenses.
Admettons par hypothèse que les six exemplaires précédents soient à l'abri de toute critique quant à l'interprétation. Six exceptions sur les innombrables bornes des 800 voies romaines qui sillonnaient la Gaule, c'est trop peu pour faire règle.

1. La lieue Gauloise, suivant les calculs du savant Aurès, était de 7,500 pieds gaulois; le pied gaulois mesurait 0,3248, comme notre ancien pied de roi; or, 7,500 pieds égalent 2436. — Avant

Enfin, voici l'inscription dont on excipe : All... OTR... NA.... A... ATIV... IAR. CVI. QVAM. EXSV. S. ARARIS... ET... NT... CIV... VP.

la conquête la mesure de la lieue gauloise était donc de 2436 mètres. Sur ce point les auteurs sont d'accord ; le désaccord ne commence qu'au trait de la date à laquelle la lieue fut réduite et établie sur l'étalon romain. — Les uns prétendent que ce changement eu lieu aussitôt, ou peu de temps après la conquête ; d'autres le reculent vers une basse époque. — On comprendrait que les Romains eussent, au lendemain de la conquête supprimé la lieue gauloise qui n'avait rien de commun avec leurs mesures ; mais du moment où ils la conservaient, toute modification, si petite qu'elle fût eût bouleversé l'ordre de mensuration qu'ils devaient précisément avoir en vue de conserver. — D'ailleurs il n'existe aucun document dans l'ordre législatif et administratif des deux premiers siècles pour prouver ni même indiquer un changement, qui pourtant était chose majeure. — On trouve, au contraire, des preuves certaines de l'application de la mesure de 2436 mètres sur un grand nombre de monument des premiers siècles, suivant les données de MM. Aurès et de Fargeux, notamment sur le milliaire d'Allichamps et même sur la Table Theodosienne, quoi qu'on en dise. — D'un autre côté il nous paraîtrait exagéré de reculer l'époque du changement précité jusqu'à la basse époque, car si on ne peut citer que deux auteurs ; Jornandes et l'auteur de la vie de Saint Renaole, pour établir que la lieue gallo-romaine, était d'un mille et demi, on ne serait pas fondé à prétendre, qu'en cela, leur texte ne saurait s'appliquer qu'à une époque contemporaine des événements faisant l'objet de leurs récits et datant des V° et VI° siècles. — Nous croyons qu'on peut au moins l'appliquer en remontant jusqu'au commencement du III° siècle, au temps où furent modifiées les mesures linéaires, sous Septime Sévère. Il n'est pas permis d'en reculer la date, sans faire acte de fantaisie. — Le mille romain (millia passuum) portait aux deux premiers siècles 1481^{m}50. Le pas avait cinq pieds, le pied 0^{m}2963. — Sous Septime Sévère (195-210) le pied fut réduit à 0^{m}295, mesure trouvée par l'ingénieur Zanon sur un aqueduc du III° siècle, à Bologne. Dès lors, le pas ne fut plus que de 1^{m}475, le mille de 1475 mètres au lieu de 1481^{m}50. — Cette découverte apporta un grand trouble dans les esprits qui s'étaient trop tôt fixés. Ceux qui préconisent la lieue gallo-romaine de 2222, nous paraissent donc s'être trompés, puisqu'il n'existe aucune preuve qu'elle fût d'un mille et demi, au moins avant Septime Sévère et que la nouvelle mesure de ce règne la fixe implicitement à 2212 mètres, par la réduction du mille à 1475 mètres. — Pour justifier sa théorie M. Desjardins montre un accord relatif entre les mesures de la Table Théodosienne et celles de l'itinéraire de Tongres ; mais il oublie de prouver que la lieue de cet itinéraire est à la mesure de 2222 mètres. Il imagine certaines similitudes avec l'itinéraire d'Antonin, qui, dans

D'après M. Desjardins les trois dernières lignes de cette inscription auraient trait à une délégation faite à l'autel de Rome et d'Auguste à Lyon, par la cité des Coriosolites : *ad affluentES ARARIS ET Rhodones*...

son ensemble, est loin de lui être favorable, car les lieues de cet itinéraire ont plusieurs mesures parmi lesquelles on trouve même celle de 500 mètres, à peu près, pour la Belgique. — Enfin il signale des mensurations prises sur la Table Théodosienne qui s'accorderaient avec la mesure de 2222 mètres, ce qui est exact ; mais les mesures de la Table sont tellement fautives qu'il n'est guère possible d'en tirer parti, en aucun sens. — Tout ce que nous pouvons constater c'est que partout ou du moins presque partout, dans l'ouest, où nous en avons fait application, ses cotes se rapprochent beaucoup plus de 2436 mètres que de 2222. — Les partisans de la lieue de 2222, qu'ils devraient au moins réduire à 2212, suivant les données de l'aqueduc de Bologne, donnent le relevé de 119 distance, entre points fixes, sur lesquelles 75 correspondaient *exactement* à la mesure de 2222 mètres. — La démonstration ne serait pas absolue puisqu'il resterait 84 distances discordantes. — Pour que l'affirmation fût admissible, en ce qui même concerne les 75 voies, il faudrait que chacune d'elles eût été fouillée à la pioche sur tout son parcours ; que la distance eût été mesurée à la chaîne sur le tracé mis au jour ; qu'on eût pu reconnaître si la mesure était cotée du milieu de la ville ou de ses faubourgs, règles variables dans les mensurations romaines. — Sans ces conditions, rigoureusement appliquées, tout ce qu'on peut dire n'est qu'hypothèse. — Est-il une seule voie en France qui ait reçu l'application de ces mêmes conditions ? Il n'y en a pas et le travail ne sera jamais fait parce qu'il est trop difficile et trop coûteux. — Nous avons voulu l'entreprendre sur un petit nombre de voies, et, treize ans de travail constant et des dépenses relativement considérables n'ont pas suffi pour obtenir toute satisfaction. — Nous pourrions réfuter, preuves matérielles à la main, les mesurages réputés exacts, ci-dessus allégués, au moins pour quelques unes des 119 voies qu'on cite ; nous ne nous arrêterons pour le moment qu'à une seule : celle de Julio Magus à Condate. — Avant les études que nous venons de faire, la situation exacte de Sipia et de Combaristum était inconnue et le grand coude de la voie, presqu'à angle droit, sur le camp des Provenchères, près de Craon, était absolument ignoré. (Voyez le *Camp des Provenchères, son temple, sa citadelle, la voie de Julio Magus à Condate*, chez Baudry, à Paris). — Or, quelle valeur peut avoir une affirmation basée sur un tracé imaginaire et fautif ? — Tous, soyons humbles, cherchons la vérité de toutes nos forces ; mais ne l'affirmons pas avant de la connaître. Dans les cas proposés, on ne peut la connaître que par des fouilles qui ne sont pas faites.

NT — CIVItas ? cVRiosolitum[1], ou plutôt Coriosolitarum.

En supposant que la traduction qu'il donne soit incontestable, en l'état fruste et défiguré où se trouve l'inscription, nous ne voyons pas en quoi elle pourrait corroborer son opinion puisque, ni le nom, ni les initiales de Fano Martis ne s'y trouvent.

L'inscription est simplement de nature à prouver que Corseul fut le siège de la capitale des Coriosolites, ce qui n'est pas contesté ; elle pourrait même fournir des arguments contraires à ceux qui sont produits car les initiales VP dont on fait CVR, un peu imaginativement, ne pourraient, dans tous les cas prouver qu'une chose : que la ville se nommait CVR... sans terminaison connue ; et, on verra, ci-après, que ces sigles CVR, COR, peuvent avoir une autre signification que celle qu'on leur donne.

Le système préconisé est d'ailleurs mis hors de discussion par la découverte des bornes leugaires du Genest et de Saint-Méloir qui portent C. COR et non C. FM ; car il est bien évident que si Corseul eût été Fano Martis on y lirait C. FM et non C. COR.

Ces découvertes apportent une sorte de soulagement dans l'esprit, car Reginea, reine des mers Armoricaines placée au fond d'une crique, faisait triste figure !

Il ne faut d'ailleurs pas perdre de vue que la voie de Rennes à Reginea était bien la voie nord-ouest des Armoriques et qu'on ne pourrait la jeter à droite de Saint-Brieuc sans la détourner de son but.

Erquy fut une ville romaine pourvue d'un camp et d'une citadelle, comme plusieurs autres du littoral ; mais une seule voie y aboutissait, et, il n'est point de

---

1. De la dernière lettre P, M. Desjardin fait un H, dans la pensée que le crochet inférieur a disparu.

grande ville, sur tout le territoire des Gaules, qui n'ait eu qu'une artère pour la desservir.

Fano-Martis et Reginea qu'on avait précédemment voulu placer à Dol et à Saint-Malo, par des considération aussi inadmissibles que les premières, n'étaient donc ni à Corseul ni à Erquy, et, la voie à laquelle sont attachées les deux villes antiques doit être cherchée dans une direction autre que celle qu'on leur a hypothétiquement assignée.

Par la configuration de la Table Théodosienne[1] aussi appelée carte de Peutinger (planche II), on peut être

---

1. La Table Théodosienne qu'on a considérée à tort comme étant du IV° siècle, fut au contraire une partie additionnelle sinon intégrante de l'Orbis Pictus, qui se déroulait sous le portique Paula, à Rome, au temps d'Auguste. — Cette vérité si longtemps repoussée paraît enfin avoir été acceptée par l'Académie, si on en juge par un de ses comptes-rendus où on lit : « C'est sous la « dictature de César que furent commencés les travaux d'A-« grippa, qui constituèrent la fameuse *Descriptio orbis*, affichée, « comme on sait, sous un portique du temps d'Auguste et dont « la Table de Peutinger nous a conservé la principale indica-« tion. » — Le plan d'Agrippa très repandu aux premiers siècles, fut plusieurs fois réédité, notamment au IV° siècle, sous Théodose, et, c'est à cette circonstance qu'est due l'attache du nom de cet empereur à l'œuvre de César et d'Auguste. — L'édition de Théodose donna lieu, elle-même, à des copies successives qu'en firent les moines du Moyen-âge; c'est une de ces copies qui fut retrouvée au XIII° siècle, dans une bibliothèque d'Allemagne, par le moine de Colmar. — La copie du moine de Colmar dont la planche ci-jointe, représente un segment, passa, on ne sait comment, entre les mains d'un savant du nom de Peutinger au XVI° siècle, et fut publié la première fois, en 1789, par Scheyb à Augsbourg. — En 1865 M. Desjardins fut chargé par le gouvernement français d'en faire une copie qui est aujourd'hui dans toutes les mains. — La table Théodosienne est donc un monument de la fin de l'ère ancienne, à part certaines modifications qui y furent apportées à chaque réédition, et dont il n'y a trace dans les régions de l'ouest. — Elle était par le fait l'état indicatif du deuxième réseau des voies militaires. Le premier, dont il n'est point resté de carte spéciale, est noté par Strabon, livre IV, en ces termes : Lugdunum in medio Galliæ situm est, instar arcis. Itaque etiam Agrippa hinc vias aperuit; unam per Cemmenos montes in Aquitaniam, et per Santones usque ad Pyreneas; alterum ad Rhenum; tertiam ad Oceanum per Bellovacos; quartam in Narbonensem.

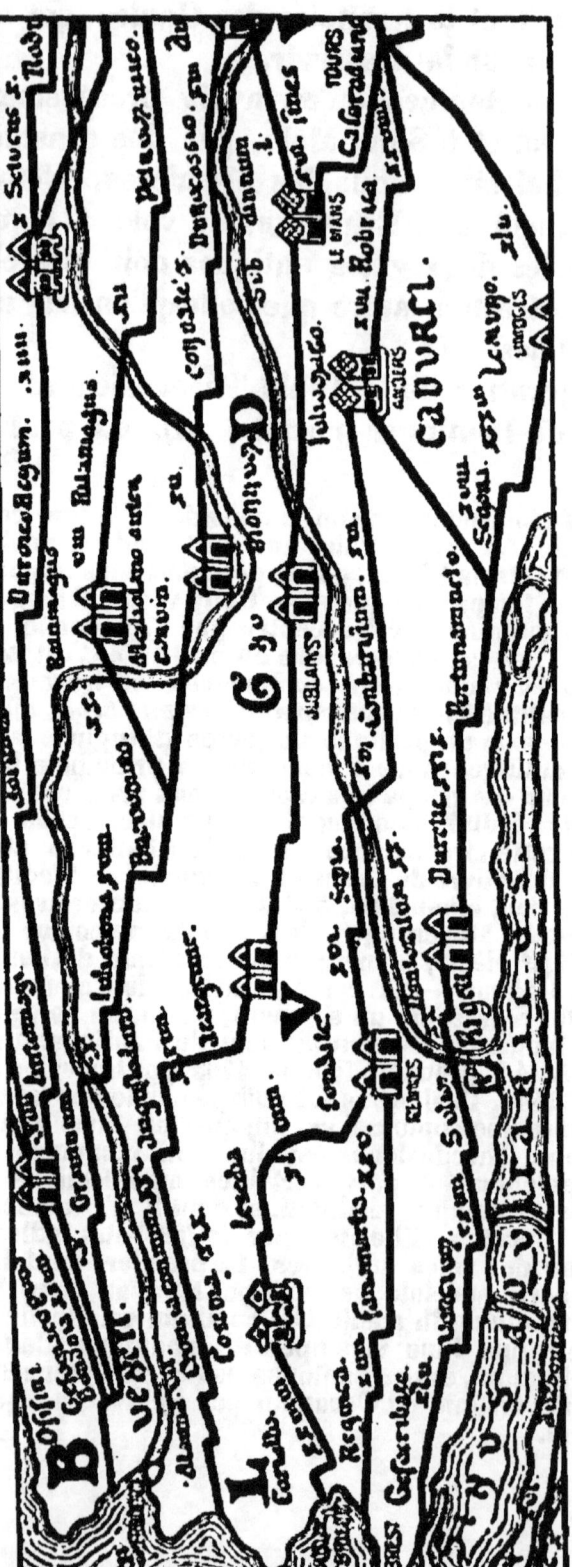

Planche II

autorisé, autant que possible, à chercher la voie de Rennes à Reginea tendant au sud-ouest de la baie de Saint-Brieuc et précisément à peu de distance de la ville du même nom, on trouve les traces d'une cité romaine et de ses monuments [1].

Le lieu où se trouvent ces ruines se nomme Port-Aurel ; il correspond aux XXXVIII lieues gauloises de la table Théodosienne.

Si on prend la mesure de XIII lieues et qu'on la reporte, à partir de ce point, vers Rennes, on tombera sur la ferme de la Ville-Josse, commune de Plénée-le-Jugon, à 500 mètres de la rivière appelée l'Arguenon, où l'on rencontre des ruines antiques sur une assez grande étendue, traversées par la voie romaine, « l'Estrat » venant de Corseul et sur laquelle se trouve la borne de Saint-Méloir, précédemment décrite.

A environ 2,000 mètres de ces ruines, du côté de Saint-Brieuc, près de la ferme du Haut-Temple, sur la côte, sont les substructions d'un édifice couvrant près d'un hectare, devant être celles d'un temple, que nous venons de découvrir et que nous n'avons pu fouiller faute de la permission de M. de Lorgeril à qui appartient le champ où elles se révèlent [2].

On avait déjà trouvé près de là une certaine quantité de haches celtiques et deux bas-reliefs dont les sculptures de peu de saillie représentent des hippocampes et autres animaux marins. Nous en donnons

---

1. Rapport sur le monument romain de Port-Aurel. *Mémoires de la Société archéologique des Côtes-du-Nord*, p. 284-308. — *Recherches sur les voies romaines des Côtes-du-Nord*, par Kerviler, p. 97, broch. in-8°, 188 pages et une carte. — Pour Corseul : Communication de M. Gaultier du Mottay (*Rev. arch.*, 1866, tome XIII, nouvelle série p. 293). — *Monument du Haut-Bécherel*, par M. le Président Fornier.

2. Le refus tacite de M. de Lorgeril est d'autant plus inexplicable que nous avions proposé de payer les indemnités dues au fermier et de laisser sur place tous les objets qu'on pourrait mettre au jour.

l'image d'après la *Revue Archéologique* qui les a reproduits dans son tome XIII¹ (fig. 3 et 4).

Ces ruines, comme on l'aperçoit, correspondent exac-

Fig. 3 et 4.

tement à la situation de Fano-Martis, jusqu'à ce jour inutilement cherchée.

1. Avant de connaître les lieux notre attention avait été attirée par les noms caractéristiques de Haut et de Bas-Temple ; mais plus encore par certaines mensurations, au compas, sur les cartes de l'état-major, en vue de raccordement avec les cotes de la Table Théodosienne ; car toujours nous avons cru que la voie de

Les emblèmes des bas-reliefs précités portent, il est vrai, un caractère plus propre à Neptune qu'au dieu de la guerre, mais il faut tenir compte que ces emblèmes sont, avant tout, nationaux et qu'on les trouve sur tous les monuments de ce peuple maritime[1].

Ajoutons que des traces de voie romaine ont été reconnues à Caulnes près de Broons; à peu de distance de Lamballe; à Carquité sur la droite d'Iffiniac; à gauche et tout près de la Grand'ville, sur le territoire d'Hillion; et, plus loin, au lieu de la Rue sur le bord de la baie, dans la direction de Port-Aurel, aux limites connues de cette énorme agglomération de ruines romaines qui couvre le territoire de la comune d'Hillion[2], où nous

Rennes à Reginea passait par là. — C'est dans cet état d'esprit que nous écrivîmes à M. le curé de Jugon pour le prier de nous faire connaître si, par tradition ou par exploration, il n'y aurait pas quelqu'indice de ruines romaines vers le Haut-Temple. M. le curé nous répondit qu'il ne connaissait aucun document de cette nature et qu'il croyait plutôt à l'existence d'un établissement de Templiers. — Nous en étions là lorsqu'en feuilletant le tome XIII de la *Revue archéologique*, nous y trouvâmes mention de certains bas reliefs trouvés au Haut-Temple en 1831. — Nous nous transportâmes immédiatement sur place, où, en moins d'une heure, nous eûmes la bonne fortune de mettre la main sur les vestiges du monument depuis si longtemps pressenti. Ces vestiges se révèlent à 600 mètres à l'ouest de la ferme du Haut-Temple, dans un champ appelé la Kevée, situé à environ 150 mètres de la route de Brest. — Les bas-reliefs recueillis en 1831 étaient, paraît-il, dans une cavité à côté des bâtiments de la ferme, au milieu d'un dépôt de poteries antiques qui ont été malheureusement dispersées.

1. Des bas-reliefs similaires ont été recueillis au temple de la Grand'ville sur le territoire de la commune d'Hillion, et, entre Broons et le château de Boudineuf. Ce dernier spécimen, déposé au musée de Dinan, présente comme ceux du Haut-Temple de Plénée-le-Jugon, très peu de saillie, et il n'est pas difficile de reconnaître que ces sculptures n'ont pas le *facies* romain. Il en a été trouvé d'autres de même facture à Iffiniac et à Erquy.

1. Au nord d'Iffiniac est le bourg qu'on nomme Hillion. — Un si grand nom appliqué à une si petite localité laisse une impression profonde, en présence des traditions qui s'y attachent et des ruines qu'elle contient! — La commune d'Hillion occupe toute la superficie d'un promontoire que la mer envahissante a respecté jusqu'à ce jour après avoir conquis un espace de plusieurs kilo-

pourrions placer Reginea en appliquant la lieue de 2222 mètres.

Au reste Port-Aurel n'est éloigné que de sept mille mètres d'Hillion et de la Grand'Ville. Dans cet espace aujourd'hui envahi par la mer, pour une grande partie, on trouve encore des épaves de constructions antiques dispersées dans les sables et adhérentes aux rochers.

Dans cet ordre d'idées Reginea aurait été à Port-Aurel ou à Hillion, et, Fano-Martis sur le territoire de la commune de Plenée-le-Jugon.

Reste à connaître le nom propre de Corseul indiqué par le sigle COR, des bornes leugaires précitées.

La table nous montre la voie de Rennes à Legedia, Cosedia et Coriallo, comme suivant d'abord une ligne droite, qui forme bientôt une longue courbe se dirigeant à l'est et au bout de laquelle est figuré un crochet, signe ordinaire d'une station, sur lequel on lit Legedia.

mètres au droit de la baie de Saint-Brieuc. — A 1800 mètres du bourg est un gros village qui porte le nom de la Grand'Ville, situé à 1600 mètres des Ponts-Neufs et de la gorge profonde où coulent le Gouessant et l'Evron. Ce village est établi sur des ruines antiques qui règnent, sans solution de continuité, sur tout le territoire de la commune et même jusqu'à Iffiniac où était une autre agglomération munie d'une citadelle, assise sur des débris d'origine gauloise. — C'est le plus grand espace couvert par des ruines antiques non interrompues qu'on connaisse dans les Gaules. — Il y eut là une grande ville; on y a trouvé un temple de 15 mètres carrés, entouré de son portique et d'un péribole au milieu desquels se sont rencontrées des frises sculptées représentant des sujets nautiques, des mosaïques, des enduits peints, des monnaies romaines. — A 1700 mètres de là, à la ferme de Carquité, sur la voie de Rennes, d'autres ruines importantes ont été découvertes avec une multitude de médailles romaines ne pesant ensemble pas moins de sept livres, et l'agglomération à laquelle appartiennent ces ruines était reliée à la Grand'Ville par une suite non interrompue de vestiges accusant deux files d'habitations sur une route à peu près droite. — La Grand'Ville n'a jamais été fouillée; on y trouve, à la sonde, des substructions sans nombre dont quelques-unes ont dû appartenir à des monuments. Il n'est pas rare d'y rencontrer des marbres blancs et des mosaïques. — Le bourg d'Hillion était défendu par une citadelle qui, avec celles de la Grand'Ville et d'Iffiniac, formaient un ensemble de fortifications.

Puis à partir de ce point, le tracé court en ligne droite par un retour de l'est à l'ouest, vers la mer, jusqu'à un certain point rapproché du littoral où est écrit : Cosedia, figurée par deux tours, insigne ordinaire d'une civitas.

Ensuite, la ligne oblique fortement à gauche en se dirigeant, au sud-ouest, vers Saint-Brieuc, et sur un point de cette ligne est écrit : Coriallo. Voici le tracé graphique de la Table. (Fig. A).

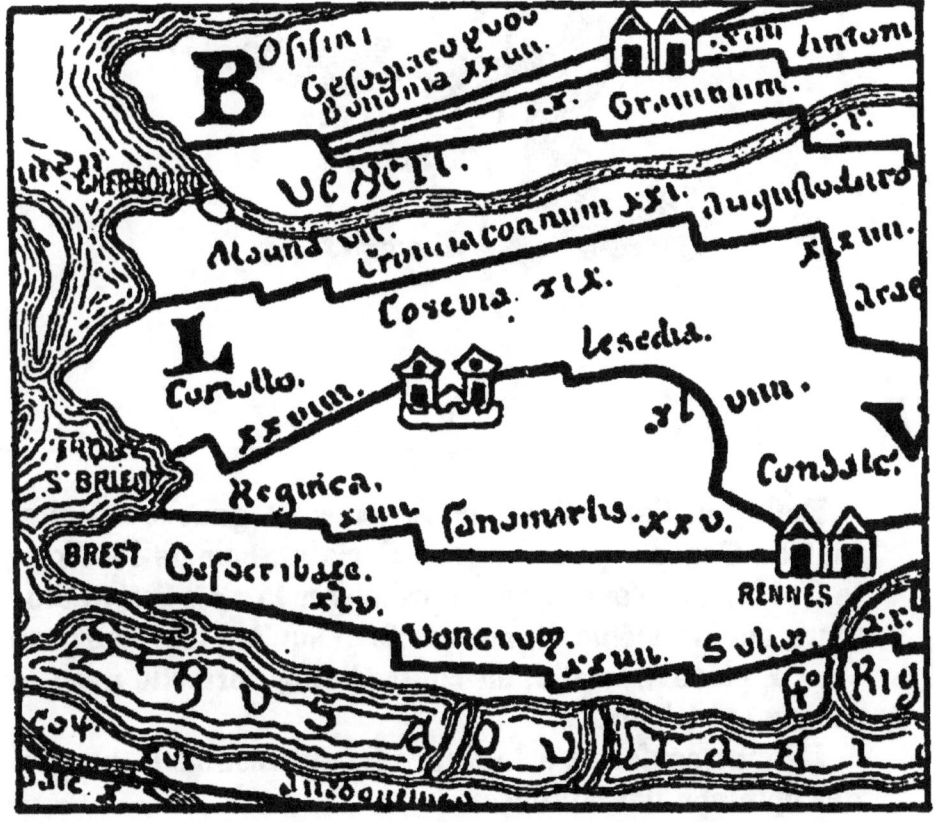

Fig. A

Ce tracé du seul monument géographique qui fasse mention de ces trois villes est d'une clarté limpide et il est au moins étrange qu'il n'ait pas été compris jusqu'à ce jour. Il semblerait même qu'on a mis tout en œuvre pour en dénaturer le caractère.

Au lieu de suivre la voie de Rennes à Legedia, selon

le tracé de la Table, par un grand contour à l'est, on l'a conduite par une ligne rigoureusement droite sur toute sa longueur, en vue d'assimiler Legedia à Avranches, et, toujours sans tenir compte du tracé de la Table qui retourne à gauche pour gagner Cosedia, on a prolongé cette voie suivant une même ligne droite, sur Coutances où l'on assignait l'emplacement de Cosedia.

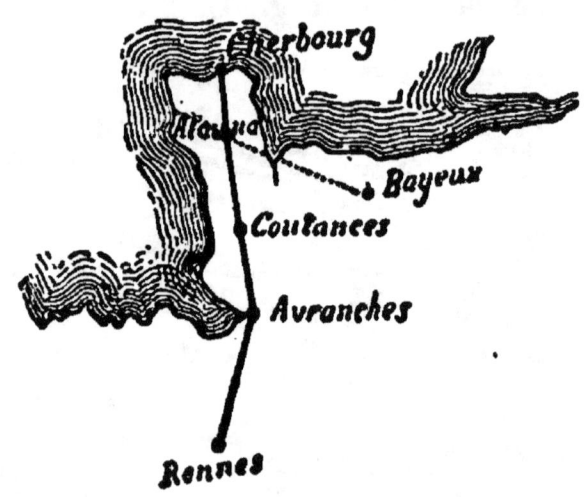

Fig. B

Enfin, au lieu d'obliquer fortement à gauche en partant de Cosedia pour gagner Coriallo, comme l'indique la Table, on s'est avisé de prolonger la voie fictive toujours sur la même ligne droite jusqu'à Cherbourg où l'on a placé Coriallo, en contradiction formelle avec le monument itinéraire.

Le tout conforme à la figure B, qui résume la plupart des opinions des auteurs.

A part cette leçon fautive, qui est la plus généralement adoptée, il y a des variantes de toute nature en ce qui concerne Coriallo et Cosedia, mais pas un seul auteur n'est sorti du premier type où Legedia est identifié à Avranches.

En considérant ces théories étranges, les bras tombent, la raison demeure confondue.

— 28 —

Si on rapporte le tracé de la Table, sur une carte géographique (fig. C)[1], on voit que le commencement de la ligne courbe se dessine à Sens[2]; que son tracé passe à Mézières, au Perray, à Saint-Jean, Vandel, la Celle-sous-Luitré, la Pellerine, Gorron, et qu'elle termine son évolution à Barenton, où est le crochet indicatif de la station de Legedia.

Fig. C

On reconnaît encore que la ligne droite qui part de ce point, en se dirigeant de l'est à l'ouest, vers la mer, tombe sur Avranches où est écrit Cosedia[3]. Enfin on

1. Dans cette opération il faut tenir compte de ce que le tracé de la Table est établi sur une surface considérablement étirée, dans le sens du nord-est, et rétrécie d'autant dans le sens du nord-ouest. Pour mieux comprendre qu'on se figure un mouchoir carré représentant la carte des Gaules, étiré dans un sens de manière à allonger toutes les distances et qui sera par conséquent rétréci dans le sens contraire. C'est pour cette raison que le tracé de la Table entre Rennes et la mer paraît plus développé que sur la carte géographique.
2. Un peu au-dessous vers le sud, au droit de Cahart, non loin des Musures où passait la voie.
3. Il ne faut pas perdre de vue qu'alors la baie du Mont-Saint-Michel n'était pas formée et que dès lors Avranches était plus éloigné de la mer qu'elle ne l'est aujourd'hui; c'est ce qui explique le dessin de la Table où l'on aperçoit Avranches (Cosedia) à une certaine distance de la mer.

aperçoit que la ligne à la suite, obliquant fortement à gauche, vers Saint-Brieuc, conduit droit à Corseul, au point où est écrit Coriallo.

Si ensuite on applique les mesures des distances portées sur la Table on trouvera que les 49 lieues gauloises comprises entre Rennes et Legedia, se terminent précisément à Baranton ; que les 19 lieues portées entre Legedia et Cosedia, représentent exactement la distance de Baranton à Avranches ; que la cote de 29 lieues entre Cosedia et Coriallo, est encore exactement celle d'Avranches à Corseul.

Baranton est donc Legedia, — Avranches, Cosedia, et Corseul, Coriallo.

La coïncidence des mesures des distances, sur trois lignes à la fois, peut être considérée comme une preuve indiscutable.

Si on ajoute que la voie romaine, suivant ce triple parcours, est tangible sur presque toute sa longueur, de même que ses camps protecteurs et ses ouvrages de défense, on reconnaîtra qu'il y a surabondance de preuves.

Pour rendre la proposition plus saisissante comparons les trois figures précédentes : la première A montrant le tracé de la Table ; la seconde B, la thèse des auteurs ; la troisième C, l'application du tracé de la Table sur une carte géographique.

Par cette comparaison la démonstration sera complète, et, il faudrait véritablement une grande somme de mauvaise volonté ou un intérêt par trop personnel, pour ne pas le reconnaître.

Si Legedia eût été à Avranches, la voie n'eût pas été indiquée sur la Table comme faisant un long contour à l'est, mais en suivant une ligne droite entre cette dernière ville et Rennes.

Si Cosedia eût été à Coutances, la Table n'eût pas figuré la voie courant de l'est à l'ouest, perpendiculairement à la mer, mais du sud au nord et parallèlement au rivage.

Enfin, si Coriallo eût été à Cherbourg, la voie n'eût pas pris la direction de Saint-Brieuc, au sud-ouest, mais celle du nord.

Et, comment n'a-t-on pas compris, que dans l'hypothèse, cette même voie eût coupé celle d'Alauna à Bayeux, figurée sur la Table, au loin, vers le nord, à l'opposé de la chaussée de Coriallo ?

Comment n'a-t-on pas compris encore, que Cherbourg dans tous les cas, ne pouvait être Coriallo sans s'avancer à 12 lieues dans les terres ?

Le rapprochement de Coriallo et de la voie de Rennes à Reginea si nettement accusé sur la Table, confirme la thèse ; car si la voie eût été dirigée sur Cherbourg, elle ne se fût pas rapprochée de celle de Rennes à Reginea, courant à plus de 165 kilomètres, dans un espace opposé.

Et c'est le cas de rappeler ici que la Table est dressée avec une certaine précision, dans la figuration de ses tracés partiels, figuration qui paraît avoir été l'unique préoccupation du rédacteur, en dehors de toute considération géographique. Jamais, en effet, un crochet n'y est apposé sans être motivé.

D'ailleurs, comment expliquerait-on la présence de la Civitas Cosedia à Coutances. Civitas de quoi ? puisque Alauna était la capitale des Unelli et Avranches la capitale des Ambricates. Coutances ne fut qu'un simple vicus aux trois premiers siècles : sa fondation comme grande Ville ne date que du IV° siècle, après la ruine de Legedia, de Cosedia et de Coriallo.

Au reste, l'hypothèse de la présence de Coriallo à Cherbourg, ne reposait sur aucun fondement. On avait cherché Coriallo un peu partout[1] ; d'aucuns le voyaient

---

[1]. A Cherbourg selon Samson, Foncemagne (*Mém. de l'acad. des Inscript.* 1751, p. 131-140), l'abbé Belley (*Mém. de l'acad. des Inscrip.* 1774, p. 563-583, Reichard, H. Klepert (*Atlas antiq.* IX) et Walkenaer (*Géog. des Gaules*, III, p. 59) ; à l'est de Cher-

même au fond de la Bretagne, et cette opinion, considérée comme une idée folle, était une de celles qui s'écartaient le moins de la vérité; car, sur la Table, Coriallo est figuré comme étant plus rapproché de Brest que de Cherbourg.

A part la régularité du tracé, en ligne droite, que semblait indiquer Coriallo dans le Cotentin, pas une considération de valeur ne se présente pour corroborer cette hypothèse, et jamais on n'a pu trouver le moindre document historique pour fixer le siège de la ville antique à Cherbourg, car la mention du pays de Corivallensis, tirée des chroniques de Fontenelle, à part le nom qui semble avoir quelque ressemblance avec Coriallo, ne mérite pas qu'on s'y arrête par la raison que le pays de Corivallensis n'est pas à Cherbourg, mais vers Port-Bail, et par la raison aussi, que la similitude de deux noms ne résout pas une question de proximité puisque nous avons une foule de localités du même nom sur le territoire de la France, sans qu'elles aient entr'eux aucune corrélation historique ou géographique.

D'ailleurs, la chronique de Fontenelle n'a jamais été produite, dans l'espèce, qu'à titre de renseignement.

On doit ajouter que les portulans du Moyen-Age ne font aucune mention de Coriallo dans le Cotentin.

L'assimilation de Coriallo à Cherbourg ou à ses environs est une de ces méprises propagées comme tant d'autres, en l'absence d'études suffisantes.

La géographie du Moyen-Age peut se faire avec les textes, mais il n'en est pas de même de la géographie

---

bourg, selon Laple (p. 236); Goury sous le cap de la Hague selon d'Anville (*Notice de la Gaule*, p. 246); Brest selon Spruner et Menke (*Atlas antiq.*, table XVIIII); Brest ou Croson, selon Ukert (II, 2ᵉ partie, p. 486); Les Pieux, sur la côte ouest du département de la Manche, selon Mannert (II, 1ʳᵉ partie, p. 138, édit. de 1789; Port Bail selon Ortels; Giraude selon Katancsich (I, p. 87); Saint-Martin de la Hague selon Rortain et Desjardins.

romaine qui ne saurait être confirmée que par l'archéologie, c'est-à-dire par la pioche.

Les théories que nous combattons sont incohérentes, virtuellement contraires au tracé graphique et aux cotes de distances de la Table Théodosienne, document initial qui seul est invocable dans la matière et sans lequel il ne peut plus y avoir de Legedia, de Cosedia et de Coriallo ; elles sont en outre en opposition formelle avec l'archéologie qui, pourtant, est prépondérante en l'espèce.

La solution que nous préconisons est au contraire absolument conforme au tracé et aux cotes de la Table, tout en étant confirmées par les documents tangibles de l'achéologie.

On serait mal fondé à chercher une objection dans le fait d'un contour qui peut sembler anormal et qui n'est que rationnel ; car, les tracés de la Table sont d'ordre militaire, conçus en vue de la pacification du pays, et non d'ordre administratif et commercial, imposant des communications directes entre civitates[1].

En résumé :

Reginea était à Port-Aurel ou à Hillion, Fano-Martis sur le territoire de la commune de Plénée-le-Jugon et Coriallo à Corseul.

Dans cet ordre d'idées, les sigles C. COR sur les bornes leugaires de Saint-Méloir et du Genest sont rationnels puisqu'ils portent le nom propre de la capitale des Coriosolites sans dénomination du peuple, qui serait contraire à l'ordre ordinaire des inscriptions sur les bornes milliaires et leugaires, aux trois premiers siècles.

---

1. Au reste, la question est traitée avec tous ses développements dans notre brochure intitulée : *Les Ambricates*, chez Champion, libraire, quai d'Orsay, n° 9, à Paris.

II

CORIALLO (CORSEUL)

§ 1ᵉʳ. — *Ses ruines.*

Le bourg de Corseul [1], situé dans le département des Côtes-du-Nord, à deux lieues à l'ouest de Dinan, sur le chemin de cette dernière ville à Plancoët, fut le siège de l'antique Coriallo, capitale des Coriosolites.

Si on en juge par le nombre incalculable de haches en pierre polie et autres épaves qu'on y a déterrées, ce lieu dut être le siège d'un établissement gaulois.

Les musées de Saint-Brieuc, de Rennes et de Dinan possèdent un certain nombre de ces objets ; d'autres font partie de collections particulières ; le reste est à l'étranger.

Après la conquête, la ville de bois fut remplacée par une cité romaine en maçonnerie, couvrant une superficie de plus de cent dix hectares, s'étendant au sud-est jusqu'au delà de l'Hôtellerie, à l'ouest jusqu'à la Ville-ès-Hue et la Hautre-Métrie, au nord, non loin du Pont-Brûlé, et tout auprès de la Ville-Michel (voyez planche 1ʳᵉ).

---

1. C'est une des communes les plus étendues de Bretagne ; on y comptait plus de cinq mille habitants avant son démembrement au profit de Plancoët.

Elle couvrait le sommet et la partie déclive du coteau, jusqu'au ruisseau qui coule au sud ; son centre se trouvait un peu au nord-est de l'église actuelle. Sur ce grand espace, partout les substructions sont compactes, si ce n'est au nord, où l'agglomération paraît moins dense.

La ville nouvelle dut avoir ses temples, sa basilique, son forum, son théâtre, ses thermes, ses édifices municipaux et probablement son cirque et sa citadelle, comme les *civitates* de premier ordre.

Où sont ces monuments ? il n'en reste rien d'apparent et chose étrange, c'est qu'on ignore jusqu'à leur emplacement.

On a beaucoup fouillé pourtant ; chacun a remué son mètre de terre, en détruisant tout ce qui s'est présenté et en emportant tout ce qui pouvait avoir un certain intérêt, suivant les pratiques habituelles ; de sorte que ç'a été une véritable dévastation, qui pourtant n'a pas dû détruire jusqu'aux plus profondes fondations, présentant des maçonneries trop lourdes pour être emportées. A une certaine époque ce fut une carrière pour les fortifications de Saint-Malo.

Détruite de fond en comble, à la fin du IIIe siècle ou au commencement du IVe, l'opulente cité resta ensevelie dans le sol, sans que l'histoire l'ait notée autrement qu'en y appliquant le nom de bourg de *Corsold*, *Coursoult* ou de *Coursol*, au cours du Moyen-Age[1].

Pourtant un roman historique du XIIe siècle, intitulé : *La conquête de la Bretagne armorique par Charlemagne sur un roi Maure nommé Aquin*, en fait une courte mention :

---

1. Charte de 1184, accord entre les moines du prieuré de Saint-Magloire de Léhon et les héritiers de Corsol.
Charte de 1259, accord passé entre le prieur de Léhon et Jean, dit l'Asne, écuyer, sur le fief de la Gaignerie de la paroisse de Corsul, etc., etc.

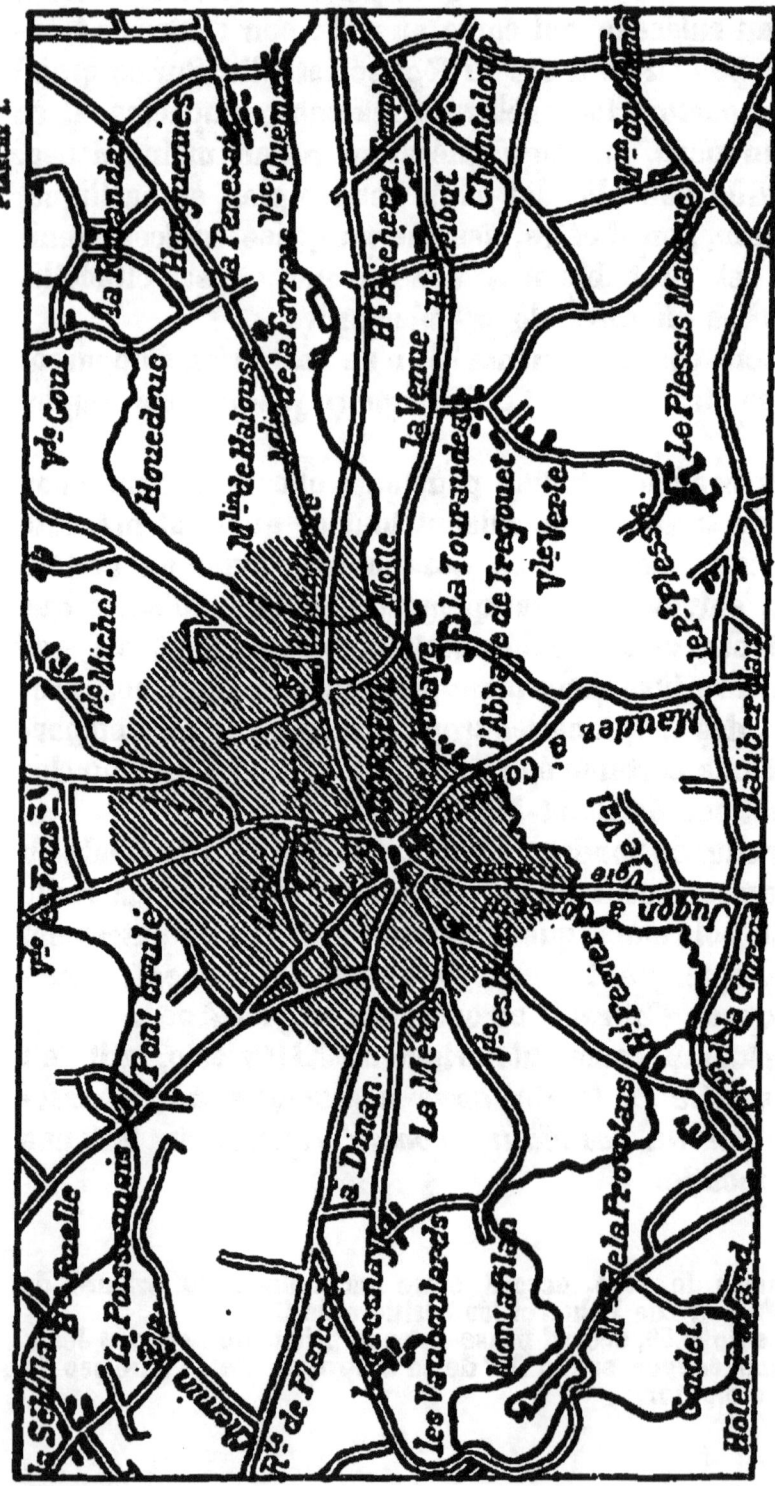

> Droit à Corseut s'était l'ost aroté ;
> Cité fut riche, ville d'antiquité,
> Mais gaste estant longtemps avoir passé
> Et mort le sire et à sa fin allé.

Ainsi, d'après ce roman, au XII° siècle, la ville était encore un monceau de ruines, au milieu duquel se dressaient quelques habitations.

Ce qu'on paraissait savoir sur l'antiquité de la ville au XII° siècle, était complètement ignoré à la fin du XVI°.

Après les chants du poète du XII° siècle, la première mention des ruines de Corseul paraît dans l'*Histoire de Bretagne* par Dom Lobineau, vers 1707 ; en voici l'extrait :

« Les Curiosolites occupaient les environs de Dinan, « et l'on ne peut douter que les mesures d'une ville que « l'on trouve en fouillant la terre à Corseult ne soient « les restes de la ville des Curiosolites dont le nom s'y « est conservé presque entier depuis tant de siècles. »

Incité sans doute par ces renseignements, un ingénieur du nom de Simon de Garengeau, employé par Vauban aux fortifications de Brest et de Saint-Malo, vint sur place, en 1709, et fit un rapport à l'Académie, que nous reproduisons *in-extenso*[1].

---

[1]. Dans le recueil de la docte compagnie, tome 1er, on lit une introduction de M. de Boze, le secrétaire perpétuel, portant que cet ingénieur aurait été envoyé sur place par un de ses collègues de l'Académie, M. Lepelletier de Souzy, auquel il attribuait la découverte.

On ne comprenait pas bien quelle autorité pouvait avoir un académicien sur un ingénieur de l'Etat, pour le charger d'une telle besogne, et on s'est mis en quête de renseignements desquels il paraît résulter que M. de Souzy avait seulement prié l'ingénieur de lui donner la copie d'une inscription qu'il avait pu voir à Corseul où il allait souvent par la raison qu'on enlevait alors les matériaux de la ville antique pour les fortifications de Saint-Malo à l'érection desquelles il présidait. C'est donc à l'ingénieur que sont dues les découvertes et non à l'académicien auquel on paraît avoir voulu les attribuer. La pratique du *sic vos non vobis* de Virgile, n'est pas nouvelle comme on le voit.

Mémoire sur les vestiges d'antiquité que l'on trouve au village de Corseult, en Bretagne, à deux lieues de Dinan, vers l'ouest.

Ce village est certainement basti sur les ruines d'une ville considérable, comme il paroist par la grande quantité de restes de murailles que l'on trouve dans les jardins et dans les champs, à quatre ou cinq pieds de profondeur dans la terre. Son église a sans doute esté bâtie du débris de quelque grand édifice, car on voit, en différents endroits, des tambours de colonnes de même grosseur que ceux des piliers qui forment les ailes du chœur. Tels sont ceux que l'on voit à trois cents pas de l'église, au milieu du grand chemin de Dinan, auprès desquels est une base de profil atticurge de trois pieds six pouces de diamètre, avec environ un pied de fust, canelée en spirale. Mais ce qui est de plus remarquable est une grande pierre de cinq pieds de long, large et épaisse de trois, que l'on a tirée d'un tombeau pour en faire un pilier octogone, auquel on a laissé une face plus large que celles qui lui correspondent pour conserver une inscription latine telle qu'elle est figurée dans la copie suivante :

```
D· M· S.
SILICIA. NA
M GID DE DO
NO AFRKA
EXIMIA PIETATE
FILIVM SECVTA
HIC SITA EST
VIXIT. AN. LXV
CN. IANVARI
VS FIL.. POSVIT¹.
```

Au bas du clocher de la mesme église, dans un trou de seize pouces en quarré, on voit une inscription gothique, mais très difficile à déchiffrer.

Il paroist en quelques endroits, à fleur de terre, un petit

---

1. Cette dalle est accolée aujourd'hui au parement intérieur du mur latéral de l'église.

mur de deux pieds quatre pouces, continué en droite ligne du sud de l'église, vers le nord, sur la longueur d'environ deux cents toises. Il traverse le cimetière par devant la grande porte, passe entre deux maisons et se cache dans un champ, où on ne l'a pas fait chercher, étant trop mince pour un mur de ville.

Les paysans disent qu'il est coupé perpendiculairement par un autre mur épais de sept à huit pieds. Ils le reconnoissent par le bled, qui est toujours plus court au-dessus de ce mur qu'aux autres endroits. Il est assez difficile de deviner ce que c'estoit, vu la quantité d'autres restes de murs que l'on rencontre en fouillant ce champ.

A l'est de ce mur est un puits creusé dans le roc, couvert d'une pierre de sept pieds de diamètre et percée au milieu d'un trou rond de dix-huit pouces.

Le grand chemin de Dinan, au sortir du village, est traversé par des restes de petits murs de deux à quatre pieds, éloignés les uns des autres de deux et cinq toises.

Sur ce chemin, à quelques deux cents toises de l'église, on a fouillé et l'on fouille encore, dans une pièce de terre inculte pour chercher et ramasser du tuileau à faire du ciment pour les fortifications de Saint-Malo, et l'on y a trouvé plusieurs vestiges d'anciens bastiments. Le premier qui fut découvert est une espèce de petite cisterne de six pieds en quarré, qui avoit, du costé de l'est, une rigole, et une autre au sud, de huit pouces en quarré. Le pavé en est couvert d'une chape de ciment de quatre pouces d'épais. Au-dessus est une voûte pleine de terre.

A deux toises plus haut, vers le nord, sous une pierre de trois pieds, il y a une pierre de taille de cinq pieds six pouces, sur quatre et demi de large, et de seize pouces d'épais. On a fait fouiller à costé pour sçavoir ce qu'il y avoit dessous.

On l'a trouvée enchassée dans une maçonnerie d'une façon singulière. Ce sont de petites pierres et des morceaux de tuiles plates, jetés sur un enduit de ciment bien uni, et recouvert d'un autre enduit de ciment applani de mesme par dessus. Il y en a plusieurs lits les uns sur les autres. Après avoir démoli tout autour, on n'a trouvé que d'autres pierres de tailles plus petites, et au-dessus, de la maçonnerie de chaux et sable.

A deux toises plus haut, on a trouvé, dans une espèce de chambre de douze pieds en quarré, enduite de ciment, une *cheminée* de cinq pieds de large, qui exhalait la fumée par deux canaux de tuiles d'une pièce, cimentés aux deux coins. Ces canaux sont de dix-huit pouces de haut et de six en quarré. Aux deux costés opposés, ils sont percés de quatre trous longs de cinq pouces sur un et demi de large.

A cinq toises de cet endroit, estoit un petit corridor de quatre pieds de large, pavé de pierres quarrées de quatorze pouces, dont le grain est plus fin et la couleur plus verdastre que celle du pays, avec un enduit de ciment par les costés.

A l'ouest de la mesme chambre estoit un espèce de canal voûté, de deux pieds de large et de deux pieds et demi de haut, avec de petits piliers en briques de neuf pouces en quarré dans le milieu. Un peu au-dessus est une grande pierre de taille de cinq pieds et demi en quarré, épaisse de vingt pouces. A costé est un mur en demi-cercle qui va joindre la pierre dont on a parlé, et un autre mur de sept pieds d'épais le traverse, à deux toises par derrière.

Un autre, qui est nord et sud, semble venir le joindre, et celuy-cy est coupé d'une ouverture qu'on croit avoir esté une porte, dont le seuil est une pierre de cinq pieds sur quatre de large, encastrée par un bout sous un parement de grandes briques. L'autre paroist l'avoir esté aussi.

Ayant fait fouillé au-dessous jusqu'à dix pieds de profondeur, on a trouvé une arcade en briques, bouchée d'un costé de pierres de taille, et d'un autre mur en retour formant un angle fort obtus[1].

Cette première découverte eût dû être suivie de recherches laborieuses ; il n'en fut rien. On accourut en foule et les écrivains se succédèrent en se contentant de reproduire le texte de l'ingénieur de Saint-Malo, sans rien ou presque rien y ajouter de concret.

A part Montfaucon, Lobineau et l'ingénieur de Saint-Malo, les auteurs qui se sont occupés de Corseul sont :

---

1. Suit la mention du monument du Haut-Bécherel que nous reproduirons ci-après.

Le Prieur de Saint-Léon chargé par Montfaucon de lever le plan du monument du Haut-Bécherel.

Le Pelletier de Sousy qui présenta des notes à l'Académie dont il était membre.

Le Président de Robien (manuscrit de la bibliothèque de Rennes).

Le Prieur du Moulin-en-Puisaye (*Lettre à un inconnu*).

L'abbé Dério (*Histoire ecclésiastique de Bretagne, 1777*).

Ogée (*Dictionnaire de Bretagne, 1778*).

De la Houssaye, (*Mémoires celtiques*, *Moniteur* du 17 messidor an X, 6 janvier 1802[1]).

Delaporte conseiller à la cour de Rennes (*Recherches sur la Bretagne, 1838*).

Poignaud, magistrat de Montfort (*Antiquités historiques et monumentales*).

Nadaud, magistrat (*Lycée armoricain, recueil littéraire*, Nantes, 1823).

Rever, curé de Normandie (*Critique de Nadaud*, 1823).

L'abbé Manet (*Histoire de la Petite Bretagne, 1834*).

Extrait du mémoire des Coriosolites publié en 1836 dans l'*Annuaire Dinannais*.

Le président Habasque (*Notices, Côtes-du-Nord*).

De Fremonville (*Antiquités des Côtes-du-Nord, 1837*).

La Revue archéologique, 1844.

Mérimée (*Voyages dans l'ouest*).

Catalogue du musée de Dinan.

Bizeul (*Les Coriosolites*, 1858).

---

1. M. de la Houssaye, dit M. Bizeul, était chef de division au Ministère de la Justice ; son voyage fit quelque bruit dans les salons du ministre de l'Intérieur ; de là la lettre au préfet des Côtes-du-Nord et la nomination d'une commission ; mais la demande d'argent arrêta tout, et oncques depuis n'en a-t-on plus entendu parler. Des circulaires tant qu'on voudra ; de l'argent, pas le moins du monde. C'est une manière de faire qui s'est continuée de nos jours. »

Nous en oublions sans doute.

Parmi ces écrivains on compte des savants, des historiens, des archéologues spécialement en ce qui concerne le mobilier romain ; mais pas un seul excepté M. de Caumont, qui n'a fait que passer à Corseul, ne possédait les connaissances de l'archéologie monumentale. C'est pourquoi Corseul est resté vierge de toute étude sérieuse de cette nature.

Sur l'emplacement exploré par l'ingénieur de Saint-Malo M. de Robien constata la présence de plusieurs pierres de taille formant un canal arrondi d'environ six pouces de largeur sur trois de profondeur, et près du lieu où elles étaient il dit avoir reconnu une espèce de petite chambre carrée de 10 à 12 pieds, construite en petit appareil.

Il nota en outre la mise au jour, au même endroit, d'une sorte de construction comportant cinq voûtes superposées et séparées par des massifs d'environ six pouces d'épaisseur, et dont le cintre était noirci par la fumée, ajoute-t-il, voûtes qui étaient toutes enclavées dans quatre murs qui les enfermaient et auxquels on ne remarquait aucune ouverture pouvant communiquer à ces voûtes.

Le Prieur de Moulin-en-Puisaye dit qu'il a vu à Corseul un reste de construction, consistant en une loge ou petite chambre quarrée et découverte, enfoncée en terre de la hauteur de quatre pieds, et au niveau du terrain qui peut avoir seize pieds de diamètre et en outre les restes d'un aqueduc ; quoiqu'il n'indique pas le lieu auquel s'appliquent ces remarques on croit apercevoir que c'est sur le même emplacement où opéra l'ingénieur de Saint-Malo en 1709. Toutefois il fait remarquer qu'il avait cru voir là *les indices de quelque bain.*

M. Delaporte signale la découverte de deux tombeaux en tuiles, à trois cents pas de l'église, au sud, dans lesquels auraient été trouvés des ossements ayant appartenu à des sujets de haute stature. Il parle en outre d'un bâtiment divisé en cinq pièces et de vestiges de murs très épais, qu'on aurait trouvés à peu de distance de ces tombeaux.

M. Nadaud note assez vaguement les restes d'une construction souterraine, très vaste, partagée en trois grandes divisions, contenant chacune cinq pièces, construite en pierres de granit que M. de Pontbriant aurait découverte dans son parc. Il ajoute qu'à l'une des encoignures de cette bâtisse se trouvait un très bel aqueduc parfaitement conservé, qui avait 868 millimètres de hauteur sur 810 de largeur. On ne voit, dit-il, au rez-de-chaussée de cette construction, aucune porte de communication entre les trois divisions, ce qui lui fait supposer qu'on y parvenait par des escaliers descendant du premier étage. On marchait, ajoute-t-il, dans les appartements sur une couche de ciment couvrant le sol, au-dessous duquel cependant on avait pratiqué des trous ou maçonnerie *pour absorber l'humidité*[1]. S'agit-il des ruines dont il est question précédemment? on l'ignore mais on doit le supposer [2].

L'*Annuaire Dinannais* de 1836 a été le premier à publier une note qui aurait eu une grande importance si elle avait été contrôlée ; mais malheureusement elle paraît peu digne de foi ; la voici :

[1]. M. Nadaud qui considérait des trous d'hypocauste comme étant destinés à absorber l'humidité croyait aussi que les haches celtiques étaient des instruments à broyer les aliments et que les valves d'huîtres servaient à former des drains pour l'écoulement des eaux. — Un autre archéologue de marque, M. de la Willethosen, renchérissant sur ses collègues, affirmait que les valves dont il s'agit servaient à couvrir les maisons. On voit que Corseul n'a pas été gâté par la qualité des archéologues qui se sont occupés de ses ruines !

[2]. M. Deloporte considérait les valves d'huîtres trouvées en grande quantité à Corseul, comme ayant été destinées à faire de la chaux, et il supposait que les *Petites pierres polies* (les haches celtiques) qu'on découvre en si grande quantité servaient à broyer les aliments !

« En 1775, un cultivateur de Corseul trouva près du bourg dans un champ nommé le Ré, une ancienne construction où étoient une quantité de médailles, des vases, des bustes et de petites statues. Cette découverte ayant fait bruit, un ingénieur vint sur les lieux, par ordre du gouvernement, dit-il, et s'empara de cette riche moisson, à l'exception d'une petite statue en bronze représentant une femme assise, portant sur les genoux un enfant auquel elle donne à manger etc. »

Si cette découverte eût été authentique elle aurait été sûrement constatée par les autres auteurs ; c'est pourquoi il ne faut l'admettre qu'avec toutes réserves.

Toutefois ce mémoire contient les remarques judicieuses qui suivent :

« On ne peut encore aujourd'hui, dans un rayon d'un demi kilomètre, autour du bourg de Corseul, creuser plus profondément que pour les labours ordinaires, sans trouver des murs d'une solidité extraordinaire, construits en pierre du pays, de forme cubique, présentant un décimètre sur chaque face. Ces pierres sont réunies par une couche de chaux et sable, et *rejointoyées* extérieurement en ciment aussi dur que les pierres mêmes. Plusieurs fois on a déblayé quelques-unes de ces constructions suffisamment pour reconnaître le plan de l'ensemble de l'édifice. Ces constructions sont en général peu étendues et les plus grandes pièces sont à peine de la grandeur des cabinets actuels. Les parois intérieures des murs sont revêtues d'une espèce de stuc, quelquefois peintes de couleurs assez bien conservées. Le sol est pavé de pierres brutes très rapprochées, recouvertes d'une forte couche de chaux et sable, quelquefois de ciment. Il n'est pas rare de rencontrer des parquets peints comme les murailles.

« Presque toutes ces habitations avaient un puits dans leur voisinage. Ces puits taillés dans le roc sont arrondis, ils ont en général un mètre d'ouverture et sont peu profonds. En les déblayant on trouve au fond, quantités d'objets antiques, entre autres quelques bustes en pierre d'un travail grossier, et une figure en pierre qui a beaucoup de rapport avec le sphinx égyptien. Dans l'un on a trouvé une tête de cerf avec une grande partie de son bois. »

M. Habasque, duquel on devait au moins attendre des renseignements précis, se borne à relater que M. de Pontbriant aurait découvert vers un point B (planche II) une maison romaine de cent pieds de long sur huit de large, à cinq divisions, sans qu'il y eût aucuns trous de portes. De plus une chambre souterraine de douze pieds en quarré, enduite de ciment, ayant une cheminée de cinq pieds de large, qui laissait échapper la fumée par deux conduits de tuile, tout d'une pièce, cimentée aux deux coins. On y voyait un petit corridor et un canal voûté. Le corridor étoit large de quatre pieds, pavé en pierres de quatorze pouces dont le grain était plus fin et la couleur plus verdâtre que celle des pierres du pays. Quant au canal, il avoit deux pieds de large et huit pieds et demi de haut.

M. Bizeul auquel on doit une brochure sur les Coriosolites et Corseul, n'a pas apporté une grande somme de renseignements nouveaux; mais il a eu le mérite de classer les documents et d'en faciliter l'intelligence[1].

Voilà, en contexture, ce qui a été écrit sur les ruines de Corseul; c'est, comme on l'aperçoit, incohérent et peu instructif, à part les constatations de l'ingénieur de Saint-Malo, qui quoique peu techniques, ont une valeur appréciable; nous y ajouterons la relation de nos études particulières.

La ville, comme nous l'avons dit, couvrait une super-

---

1. M. Bizeul était un critique original, d'un jugement sain. Ses écrits parfois satiriques portent le cachet d'une érudition et d'une intelligence remarquables. Il avait le sentiment de l'archéologie; mais les études techniques lui faisaient défaut.

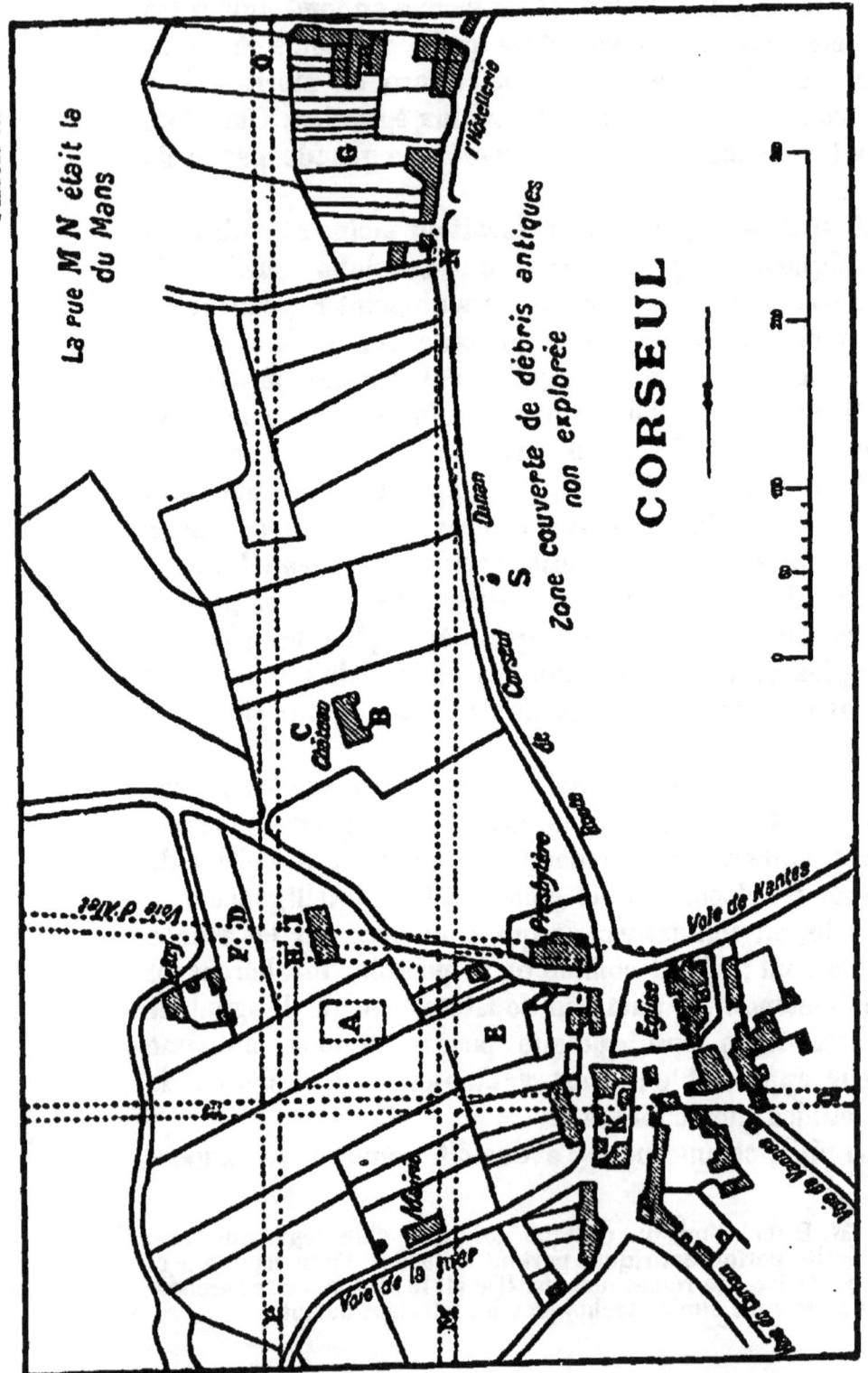

ficie de cent dix hectares à l'état compact. Le sommet de la colline était le siège des monuments et des habitations somptueuses, la partie basse, vers le ruisseau, semble avoir été occupée plus particulièrement par la plèbe.

Les arrachements de murs qui apparaissent dans la haie de la route de Dinan à Plancoët, près du bourg, attestent que des contructions règnaient là et que dès lors la voie romaine ne suivait pas cette route, dans la traverse du bourg actuel, comme on le croyait généralement.

Les fouilles pratiquées dans le parc du château, et en deçà du cimetière, sous la maison du maréchal dans le haut du bourg à l'ouest démontrent que la chaussée antique MN (planche II) courait en ligne droite entre ce dernier point et l'Hôtellerie.

D'autres fouilles ont révélé le pavage d'une rue parallèle à la voie romaine, à quatre-vingt-dix mètres au nord, passant dans le haut du parc et au sud de la ferme de Rez.

Ce mur de quatre cents mètres de long, tendant du sud au nord en passant au-devant du portail de l'église, signalé par l'ingénieur de Saint-Malo, et dont on retrouve des traces, n'appartenait point à des fortifications antiques, comme on l'a supposé inconsidérément, mais indiquait simplement une des principales rues de la ville, qui débouchait sur le forum avec lequel elle faisait corps, dans son milieu.

Le sol de la place de l'église qui était autrefois un cimetière, dans une partie, a été abaissé sur une hauteur de un mètre dix centimètres, et dans les déblais on a rencontré des tronçons de colonnes et des débris de monuments. Le fût cannelé qu'on voit sur la place provient de ces déblais.

C'est sur cette place que débouchent toutes les voies romaines ; celle d'Alet au nord-est ; celle tendant sur

Jacut[1], au nord-ouest ; celle d'Erquy au moyen d'une rue de raccordement ; celle de Carhaix par Lamballe ; celle de Vannes par Jugon ; celle de Nantes par Duretie, et enfin celle du Mans, de Rennes, d'Avranches et de Coutances faisant un même corps à leur départ.

Il n'est pas inutile de faire remarquer ici que toujours l'église chrétienne est construite sur l'emplacement d'un monument païen, dans les agglomérations antiques.

Dans le parc du château, entre la voie romaine M N planche II et la rue PO on a détruit un ensemble d'édifices considérables, aux points B et C, comportant canaux, hypocaustes, appartements mosaïqués, grandes salles avec leurs aires en ciment et leurs murs peints. A cette œuvre de destruction il faut même ajouter celle d'un petit temple, au point C, dédié à la déesse Sirona, dans lequel on a recueilli une statuette des plus intéressantes[2], portant le nom de cette divinité, temple dont les murs étaient revêtus de peintures représentant des personnages, admirablement conservées. Cet édifice était chauffé par un hypocauste : ce qui est digne de remarque.

Un homme bien inspiré eût utilisé ces ruines pour en composer un parc merveilleux ; on a tout rasé pour faire place à une pelouse vulgaire de cottage anglais.

Au sud de la ferme de Rez, à la croisée de la voie d'Alet, de celle du Mans MN et de la rue PO, aux angles D, F, H, I (pl. II) on a démoli des édifices considérables, dont les murs construits en pierres de taille n'avaient pas moins d'un mètre d'épaisseur. Au milieu de ces débris gisaient des aires en ciment, des enduits peints, des poteries anciennes avec inscriptions, des monnaies du

---

1. Cette voie passant au Pont-Brûlé n'avait avant nous été signalée par personne.
2. Nous en donnons le dessin ci-après.

Haut-Empire et une multitude d'objets antiques. Tout cela a été vendu ou jeté aux décombres, sauf les pierres de taille qui ont servi à construire une belle ferme toute neuve.

Rappelons ici que c'est à peu de distance de la croisée de ces voies qu'aurait été découvert le grand temple, vers 1775, suivant l'*Annuaire Dinannais* de 1826.

A peu de distance de la voie antique, au droit de la Métrie, à l'extrémité de l'agglomération, nous avons trouvé les substructions d'un édifice circulaire mesurant neuf mètres de diamètre, paraissant répondre assez exactement aux conditions voulues pour l'érection d'un des petits temples qui devaient exister dans une aussi grande cité.

La partie basse de la ville, entre l'Hôtellerie et le ruisseau, vers le sud, formait une agglomération encore plus compacte que dans le quartier opulent. Là les pièces étaient de petite dimension et leurs murs n'ont que cinquante centimètres d'épaisseur. Chaque maison avait généralement huit mètres de façade et vingt-deux mètres de profondeur.

Reste à parler de ces substructions si importantes de l'Hôtellerie, signalées en 1709 par l'ingénieur de Saint-Malo, sans en comprendre la destination, pourtant bien apparente. C'étaient, sans contradiction possible, le Balneum, les Thermes, monument de très grandes dimensions sur l'emplacement duquel on retrouve encore des débris de l'hypocauste, çà et là dans les jardins. On peut voir chez madame Huet, à la Métrie, une des dalles en ciment provenant de ce monument, qui recouvraient les piliers en briques de l'hypocauste et recevaient l'aire du térapeudium ; document typique qui ne trompe jamais.

Nous avons compté une quinzaine de tronçons de colonnes à Corseul, disséminés sur la voie publique et dans les propriétés particulières ; tous, par leurs profils de base, accusent le corinthien et le composite, à l'exception de celui qui porte un chapiteau asiatique qu'on voit dans un jardin près de l'église.

Telle est l'analyse des ruines de Corseul; reste à l'utiliser pour la reconstitution du plan de la ville; mais auparavant il est nécessaire d'esquisser les règles qui présidaient à l'érection des cités romaines, dans l'ouest des Gaules particulièrement, règles non invariables, il est vrai, mais dont on ne s'écartait guère à moins que la disposition des lieux ne s'y opposât.

Le Forum était presque toujours placé au milieu de l'agglomération. C'était une grande place de forme variable, sur ou en bordure de laquelle était érigée la basilique, sorte de tribunal où l'on rendait la justice et où l'on faisait négoce, entre les audiences. Cet édifice de longueur indéterminée avait ordinairement une largeur de dix-sept à vingt mètres; sa façade était ornée d'un portique; son chevet présentait presque toujours une forme absidiale; l'intérieur était divisé en trois nefs séparées par deux rangées de colonnes. Au forum aboutissaient les voies romaines principales.

Le grand temple n'était pas toujours placé près du forum, mais sur un des points culminants de l'agglomération. Les plus ordinairement il affectait, en plan, la figure d'un carré long. Il était précédé d'un portique qui régnait quelquefois tout autour, et entouré, le plus souvent, d'une enceinte qu'on nommait péribole. Dans les vestiges de ces monuments on trouve ordinairement des débris de marbre blanc et des mosaïques.

Le petit temple avait des proportions plus modestes; il était tantôt carré, tantôt oblong et parfois circulaire. La forme octogonale n'est pas sans exemple, mais elle était assez rarement appliquée. Il ne faut plus le chercher sur le point culminant, mais vers les limites de l'agglomération; il avait aussi son péribole.

Le palais et les édifices municipaux n'étaient pas toujours placés à proximité du forum et du grand temple ; mais n'en étaient ordinairement pas très éloignés. C'étaient de vastes bâtiments dont le corps principal était ordinairement muni d'une cour centrale ou atrium.

Le théâtre était toujours érigé sur un terrain déclive, souvent loin du forum. La déclivité du sol servait à former les gradins qui étaient quelquefois taillés dans le roc. Il avait la forme d'un demi-cercle greffé sur une masse rectangulaire contenant la scène, et ses accessoires. Il était ordinairement précédé et même souvent entouré d'un portique continu. Le demi-cercle se prolongeait quelquefois au-delà du diamètre, en vue, croit-on, de le rendre propre à l'usage de cirque et d'arènes. Alors le mur intérieur au bas des gradins formait *podium* : c'est-à-dire un mur surmonté de grilles pour la sécurité des spectateurs.

Le balneum était un édifice d'une grande étendue, contenant une vaste salle au milieu de laquelle était un bassin d'eau froide de 1^{m}25 de profondeur. Au droit de cette salle on voyait un hémicycle plus ou moins grand qu'on appelait la *schola*. — A la suite ou à côté, régnaient d'autres salles appelées *terapendium* et *laconicum*, joignant un fourneau voûté appelé *præfurnium*. Sous le *terapendium* et le *laconicum* était l'*hypocauste*, pièce remplie de petits piliers en briques supportant un plancher formant l'aire des pièces sus-indiquées. En outre, cet établissement était composé d'une vaste antichambre, appelée *apodyterium* ; d'une ou plusieurs *labræ*, et d'un assez grand nombre de pièces secondaires ou cabinets. Autour, vers le midi, était disposé un grand espace pour les jeux et la gymnastique.

Une conduite d'eau, un canal de dimension variable, et divers canaux d'alimentation et de décharge étaient les accessoires obligés de ces sortes d'édifices qu'on peut chercher sur les hauteurs et dans l'intérieur de la ville lorsqu'elle était desservie par un aqueduc, mais qui dans le cas contraire sont invariablement placés dans les bas fonds et sur les cours d'eau.

Les *arènes* et le *cirque* avaient la forme d'une ellipse de grande dimension. Il ne faut pas toujours les chercher dans le périmètre de la ville ; d'ailleurs ils n'étaient qu'à l'usage des grandes villes.

Les magasins *horrea* n'étaient pas les édifices les moins importants d'une cité romaine. Ordinairement composés de longues galeries voûtées, on les trouve le plus souvent à proximité du forum ; mais la règle était variable, surtout pour ceux construits en vue de dépôts pour la guerre qu'on trouve parfois aux limites de l'agglomération.

Une civitas était ordinairement défendue par une citadelle placée sur une hauteur, à peu de distance de l'agglomération.

En faisant application de ces règles dans une certaine mesure et en tenant compte des documents qui précèdent, on peut conclure de la manière suivante :

Le Forum occupait incontestablement la place de l'église où aboutissent toutes les voies antiques, et, il ne serait pas impossible qu'il absorbât le polygone E en s'étendant jusqu'à la voie romaine MN ; mais nous n'oserions l'affirmer.

Suivant les traditions et les règles ordinaires, la basilique devait être sur l'emplacement de l'église actuelle près de laquelle on a trouvé, dans les déblais des terres du cimetière, des fûts de colonnes et des débris de corniches d'entablement.

La voie romaine du Mans et d'Erquy indiquée MN, planche II, courait au nord de la route actuelle, entre l'Hôtellerie et la gauche du cimetière.

Parallèlement à cette voie et à 90 mètres au nord, une rue OP traversait la ville de l'est à l'ouest.

Une autre rue principale QR traversait l'agglomération, dans le sens contraire, en passant sur le forum, en coupant la voie MN et la rue OP, à angle droit.

Le grand temple devait être en A, sur un des points culminants de la ville, où les traditions l'ont toujours indiqué et où aussi il aurait été découvert en 1775 d'après l'*Annuaire Dinannais* de 1826.

Le péribole et le portique continu, son accessoire, devaient entourer le monument et occuper tout le quadrilatère formé par les quatre voies publiques qui les contournaient. C'est à ces parties additionnelles qu'appartenaient apparemment les aires en ciment et les enduits peints déterrés au point H, pl. II.

Les substructions considérables qu'on a trouvées aux points EDI, paraissent indiquer des groupes d'édifices municipaux.

Dans la description de l'ingénieur de Saint-Malo, il n'est pas difficile de reconnaître le *balneum* au point G à l'hôtellerie. Il ne serait pas malaisé d'en reconstituer le plan. C'est le seul monument accusé qu'on ait retrouvé jusqu'à ce jour, et encore, on l'a décrit sans se douter de sa destination. Pour un archéologue des moins exercés il était pourtant facile de reconnaître dans ces descriptions confuses, presque toutes les distributions et accessoires de cet édifice : le canal principal, les canaux d'écoulement, le *præ*/ *ium*, les conduits de chaleur, les caves de l'hypocauste et le mur circulaire de la *schola* tout y est. Depuis on a même retrouvé des spécimens de ces dalles si caractéristiques qui couvraient les petits piliers de l'hypocauste et qui recevaient l'aire du *terapendium* ; une de ces dalles a été recueillie par Madame Huet, qui la conserve.

Le très grand édifice qu'on a retrouvé dans le parc du château, entre la voie romaine MN et la rue OP, aux points B et C paraît avoir été le palais du gouverneur qu'on érigeait souvent au milieu de la ville quand la citadelle en était éloignée. C'est au point C qu'était le petit temple ou chapelle dédiée à la déesse Sirona.

La partie centrale de l'édifice principal était à 40 métres au sud-ouest du point C, où se trouvait une grande pièce, dont le sol était orné d'une riche mosaïque. C'est sur la voie romaine, au-dessous, qu'on a trouvé les restes d'un portique.

Nous ne voyons que deux emplacements propices pour le théâtre ; l'un à la ville *ès Hues* où il y a quelques débris de colonnes, l'autre en bordure du forum même, sur la pente rapide d'un pli du sol à l'est. Madame Huet possède un masque en pierre provenant du théâtre, sans qu'elle puisse savoir exactement la place où il a été trouvé.

Les magasins étaient apparemment au point K, en bordure du forum, où on les trouve presque toujours.

Toutes les recherches faites jusqu'à ce jour pour trouver un aqueduc collecteur des eaux en vue d'alimenter les hauteurs de la ville, ont été infructueuses. Comme Oisseau, dans la Sarthe, Corseul aurait donc compté parmi les rares *civitates* qui étaient réduites au strict usage des puits.

Cependant on ne doit pas perdre de vue qu'on a trouvé des canaux au milieu des ruines du grand édifice situé à mi-côte, dans le parc du château, et que les fosses du cimetière, au sommet de la colline, se remplissent d'eau à mesure qu'on les creuse. La question reste donc entière, car les canaux du balneum situé dans le bas de la ville ne préjugent rien.

Contrairement à tout ce qu'on a dit, il est bien certain que la ville n'a jamais été fortifiée, ni aux premiers temps de sa fondation, ni après sa ruine, comme celles du Mans, de Jublains et de Rennes[1].

---

1. La découverte d'un mur de fortification, en 1890, à Rennes, a démontré que cette ville comme celles du Mans et de Jublains fut pourvue d'un mur d'enceinte à la fin du IIIe siècle, après sa ruine ; car, ce curieux spécimen, par son caractère technique porte la date de 280, aussi nettement indiquée que si elle y était écrite ; c'est ce qu'on n'a pas paru comprendre quoique ce soit d'un intérêt majeur pour l'histoire de la ville de Rennes.
Parmi les matériaux de la démolition de l'ancienne ville, em-

Corseul fut une ville de paix, ouverte et somptueuse. Radicalement détruite par le fer et le feu, à la fin du IIIe siècle ou au commencement du IVe, elle ne se releva jamais de ses ruines¹.

A part les deux ou trois tombeaux en briques romaines qu'on a trouvés au bas du bourg et qui appartiennent à des guerriers de passage, pas la moindre trace de constructions mérovingiennes n'apparaissent dans tout le périmètre de la cité antique.

Il faut bien admettre que certaines parties des ruines d'une si grande ville durent servir de refuge à quelques habitants ; c'est ce qui explique, sans doute, la présence de ce bloc de maçonnerie du IXe siècle dont nous avons vu des débris près de la ferme de Rez, et qui a pu même être un reste de chapelle chrétienne, édifiée sur les ruines du temple païen par ces mêmes habitants.

C'est donc à tort qu'on a voulu voir, en cela, les vestiges d'un évêché, qu'il faut chercher au loin, probablement même, en dehors du territoire des Coriosolites.

L'histoire de cet établissement chrétien nous paraît avoir été traitée par M. de Courson², avec une parfaite

ployés dans cette construction on a rencontré un certain nombre de bornes leugaires portant C. R. Ce sont des exceptions qui n'infirment en rien ce que nous avons dit dans la première partie de cet ouvrage, car les exceptions ne peuvent faire règle. Les plus nombreuses bornes du IIIe siècle portent le nom de la ville et non celui du peuple, notamment celles de Bayeux et de Carhaix, dans l'ouest : AB AVGVSTODVR, L. III ; AVGDVR. LVI ; AB AVGVSTODVRO AVG [ustoduro] (Tetricus). — C. VORG [oritum). — C. VOR (goritum) et non pas vorgium comme on l'a dit.

1. Les plus récentes monnaies qu'on y rencontre, en abondance, sont d'Aurélien (275) ; celles de Constantin y sont déjà rares. Les pièces du Ve et VIe siècles qu'on dit sans preuve, y avoir rencontrées en petit nombre, ne peuvent avoir appartenu qu'à des guerriers de passage, et les deux spécimens du règne de Charlemagne qui paraissent authentiques ne prouvent rien de plus qu'une occupation temporaire.

2. « Depuis longtemps il est reconnu qu'il n'y avait point de Corisopites du temps de César. Les peuplades nommées par César, Osismii, Veneti, Coriosolites, Redones, Nannetes occu-

lucidité, à part quelques suppositions hasardées notamment en ce qui concerne ce peuple d'Angleterre dont l'immigration est au moins problématique.

Ç'a été une véritable erreur, à notre avis, de vouloir faire l'histoire romaine des Coriosolites par celle des évêchés qui furent bien généralement établis sur les anciennes circonscriptions romaines, mais non sans de nombreuses exceptions surtout en Bretagne. L'histoire romaine d'un pays ne peut se faire sûrement qu'avec l'aide de la pioche.

En terminant cette description, qu'il nous soit permis d'appeler la haute sollicitude de l'administration supérieure sur ces ruines imposantes et essentiellement nationales, qu'il nous soit permis encore de faire des

---

paient toute la Bretagne et ne laissaient point place à d'autres. Qu'est-ce donc que cette Civitas Coriosopitum dont parle la *Notice des provinces* et qui, dans la liste des cités dépendant de Tours, se place entre la civitas Osismiorum et la civitas Namnetum ? Y a-t-il là une erreur de copiste ? Y a-t-il un simple changement de nom Coriosopitum ayant remplacé Coriosolitum ? Une erreur de copiste n'explique pas la difficulté, puisque d'autres documents nous prouvent que les évêques de Quimper, dès une époque très reculée, portaient le titre de *Corisopites episcopi* : d'où vient donc ce changement à nous signalé par des documents et comment s'en rendre compte ? M. de Courson établit avec assez de vraisemblance que dans la seconde moitié du V⁰ siècle, une colonie de *Cornovii* de la Grande-Bretagne, chez lesquels existait une ville du nom de *Corisopito*, est venue occuper une partie du territoire des *Osismii* et que ce sont ces Cornovii qui ont importé le nom de Corisopitum imposé par eux au siège de l'évêché qu'ils établirent à Quimper-Korentain chez les Osismii. Corisopitum n'a donc aucun rapport avec *Curiosolitum*. Ce sont des noms d'époques différentes appliqués l'un à une ancienne peuplade et à sa capitale *Corseul*, l'autre au siège d'un évêché postérieur à la seconde moitié du cinquième siècle, et qui, par conséquent ne peut se trouver dans la *Notice des provinces*, où l'on doit lire, comme l'ont pensé presque tous les géographes : Curiosolitum. En cela ils avaient raison. Ils avaient tort en ne reconnaissant pas la cause de l'erreur, qui était l'existence, à l'époque où les manuscrits qui nous sont parvenus ont été copiés, d'une ville portant un nom analogue, beaucoup plus célèbre alors que Corseul. On ne connaissait plus la peuplade de César, on ne connaissait que l'évêché de Quimper, *Corisopitum* ; on a cru bien faire en substituant l'un à l'autre. »

vœux pour que la municipalité arrête l'œuvre de destruction et fonde un musée dans une salle de la mairie, destiné à recevoir, désormais, toutes les épaves de la grande cité.

§ 2. — *Ses inscriptions*

Nous ne nous arrêterons pas à l'inscription « Civitas Curiosolitarum », qui, d'après l'*Annuaire Dinannais de 1826*, aurait été trouvée à Corseul ; elle est de pure invention.

Nous avons déjà relaté l'inscription suivante donnée par l'ingénieur de Saint-Malo et qui est gravée sur une pierre scellée à l'un des murs latéraux de l'église :

```
     D· M· S·
   SILICIA NA
   MGID DE DO
   MO AFRKA
   EXIMIA PIETATE
   FILIVM SECVTA
   HIC SITA EST
   VIXIT AN LXV
   CFL IANVARI
   VS FIL POSVIT
```

On remarquera que le premier jambage du K, dans le mot AFRICA, fait office d'un I.

Cette inscription, notée dans le *Novus thesaurus inscript.* de Muratori et dans un grand nombre de recueils, a été diversement interprétée. M. Renier a clos le débat en présentant deux inscriptions recueillies en Afrique,

---

1. Voir les articles précédents aux nos 22 et 25 du *Bulletin* de la Commission historique et archéologique de la Mayenne.

dans les ruines de Khamica, portant le nom de Namgedde, appliqué à deux femmes, l'une épouse et l'autre la fille de Rogatus Chafar.

Namgide est donc un nom africain et l'assemblage des lettres séparées de ce nom doit être rétabli ; c'était là toute la difficulté, car le sigle D. M. S. signifie DIIS MANIBVS SACRVM ; c'est élémentaire.

On sera peut-être surpris que M. Mérimée (*Notes d'un voyage dans l'ouest de la France*), ait intrépreté les lettres M G I D par *Ma Gistra Isidis Dominæ*.

Nous pourrions raisonnablement nous passer, dit M. Biseul, d'une pareille explication donnée, pourtant, par un membre de l'Institut et conséquemment par un savant de profession.

Une autre inscription romaine a été trouvée dans les ruines du château de Montafilan, couvrant un espace qui a dû être le siège de la citadelle ; elle porte [1] :

NVM AVG DE
SI RONA CI
MAGIVS [2] IIC
V. S. L. M.

qu'on doit, paraît-il, interpréter de la manière suivante :
Numini AVGusti DEae SIRONAe. *Votum Solvit Libenter Merito*.

Ce petit monument est un des plus curieux que nous possédions, par la rareté des dédicaces à la déesse Sirona qu'on trouve quelquefois associées au nom d'Apollon Grannus. Une inscription déterrée au Mont-Quirinal, à Rome, porte *Apollini Granno et Sancte*

---

1. Cette inscription, qui a été longtemps déposée dans la chapelle du château féodal de Montafilan, est aujourd'hui au musée de Dinan.

2. Ce nom de Magius se trouve sur plusieurs autres inscriptions trouvées en France.

Sacrum (Gruter 37 10). Dans la même collection, n° 11, est une autre inscription recueillie au bourg de Brette (vico Bretta), portant *Apollini Granno et Sironiæ dis præ... Q. Axius AElianus V. E. Proc Aug. C.* Elle est fournie par Zamiosus dans ses *Analecta lapidum vetustarum in Anciâ* (1503).

Orelli, dans son *Amplissima collect*, cite trois autres inscriptions dédiées à la même déesse, au chapitre *Numina peregrina*. La première a été trouvée en 1754, dans le duché de Wurtemberg ; la seconde à Oppenheim, dans le Palatinat ; la troisième à Bordeaux, en 1804.

Une autre a été déterrée en 1847, au bourg de Bischofshein ; la description en est donnée par de Wal, dans ses *Mythol. Septentr. Monumenta*, p. 185.

La déesse Sirona dont Matthiæ *(De Sirona dea prolusio)* a parlé trop longuement, peut-être, est visiblement une divinité des eaux minérales, qu'on peut être surpris de rencontre à Corseul. La forme de son nom rappelle les noms de fontaines : Divona, Aronna (L'Aronde), Axona (l'Aisne), Calarona (La Chaleronne), Sagona (la Saône), Exona (l'Essonne), etc.

Les Romains paraissent avoir assimilé Sirona à Diane. On peut différer sur le véritable sens de son nom, mais son caractère médical suffit à établir le rôle de son parèdre (Voyez Gori, *Inscriptions antiq.*, IX, n° 31).

On a découvert à Léomont (Meurthe), dans une source qui jaillit près d'un bain qu'on dit avoir été consacré à Diane, des médailles en plomb, représentant cette déesse, et des *ex-voto* destinés à rappeler des guérisons '

---

1. V. *Sir*, mot irlandais et gaélique, est paraît-il synonyme de perpétuel ou d'abondant, et, on en a tiré des conséquences. Ne nous aventurons pas sur ce terrain glissant et bornons-nous à signaler que *nas* est un vieux mot encore employé dans le fond de certaines campagnes et s'appliquant à une nappe d'eau tranquille profonde et ajoutons que *nau* ou *noe* est un nom qu'on a toujours donné aux prés en terrain bas et arrosés d'eau de source ou de réserve. Ces mots sont certainement d'origine gauloise.

(Voyez Henry Lepage, *Le département de la Meurthe*, T. II, p. 201-202).

Nous avons été assez heureux pour retrouver à Corseul une statuette en terre cuite, portant au socle, en gros caractères le nom de SRANAV.

Le jambage de l'R, forme l'I comme le jambage du K forme la même lettre I, dans le mot AFRIKA de l'inscription de Namgida ci-dessus décrite.

Fig. 5.

Il serait plus difficile d'expliquer la terminaison AN ou AV, à moins qu'elle n'indique l'origine, tant cherchée, de la déesse.

Cette intéressante statuette tenant un enfant dans ses bras et dont nous donnons l'image fig. 5 et 6, a été découverte dans le petit temple qui s'élevait au point C de la planche II.

Ce rarissime document a une importance qui n'échappera à personne, nous le croyons du moins.

C'est la huitième inscription afférente à la déesse Sirona, qui ait été découverte jusqu'à ce jour en Europe, et, c'est la plus intéressante, car elle reproduit l'image de la divinité.

Fig. 6.

Il paraîtrait qu'on en a déterré une autre, à peu près semblable, près de la ferme de Ré; ses traces sont perdues ; on croit qu'elle a été achetée par un étranger.

Sur une statuette de femme, ci-après décrite, est une inscription en relief portant : REXSVSEVIOS.

Sur la panse d'un vase en terre cuite, qui a disparu, on a lu, paraît-il, le même mot avec une variante : RETVSEVIOS.

En rapprochant cette inscription de celle qui est gravée sur un pilier de granite supportant le bénitier de Saint-

Gondran et portant C. P. I. O. — ESVVI — OTETRI-
CONO — BILCAES. C R., on est surpris de la coïncidence.

L'alliance du nom d'Esuvi à celui de Tétricus, qui se
manifeste sur d'autres monuments, paraît indiquer un fait
d'origine, et les mots REX SVSEVIOS semblent avoir
trait à un chef affectant une source sesuvienne : Or, Tetricus, d'origine Gauloise, gouverna les Gaules. Ne
serait-ce point à cette circonstance qu'est due l'attache
de la qualification d'Esuvi à son nom, en mémoire de ce
peuple disparu à la fin de l'ère ancienne ou au commencement du 1er siècle pour faire place aux Viducasses et
aux Bajocasses[1] et dont il pouvait être un descendant ?
De nos jours on dit encore « je suis Cénoman » quoique
la dénomination soit de vieille date.

Si cette hypothèse était admise, on pourrait être autorisé à supposer que Tetricus eut des attaches particulières dans le pays des Coriosolites, qui fut sous sa puissance de 268 à 273. On ne perdra pas de vue que la
statuette sur laquelle est l'inscription REXSESVVIOS
est de la décadence, c'est-à-dire d'une époque qui paraît
correspondre au règne de Tetricus[2].

L'inscription gravée sur la borne leugaire de Saint-
Méloir, placée en bordure de la voie de Vannes à dix
kilomètres de Corseul, décrite *suprà*, porte :

```
IMP CA///// NPI
AVONIO VIC.
TORINO, PPNC
PI////// CCOR
LEVG/////
```

[1]. Voyez *Les Sesuviens, la Civitas Araegenua*, par Liger, broch. in-8° 1875, chez Champion à Paris, quai d'Orsay, 9.

[2]. Une autre inscription portant le nom de cet empereur allié
au mot Sesuvi, a été trouvée, à Rennes, en 1892, sur une colonne
qui semble avoir été une borne leugaire. On en connaît d'autres.

En 1852, on mit au jour dans le cimetière de Saint-Lormel, à trois kilomètres de Plancoët, une colonne de 1ᵐ80 de hauteur et de 0ᵐ50 de diamètre[1], ayant formé, sans nul doute, une borne leugaire, sur laquelle est une inscription à peu près indéchiffrable aux quatre premières lignes ; en voici l'esquisse :

```
      I I
    C CORI
    I  PHI
    //  ///
   N. L VIIII
    //  I  N
    OSVI D
```

La cinquième ligne, qui est parfaitement lisible, a une grande importance géographique, car elle détermine la situation de Nasada, ville jusqu'à ce jour inutilement cherchée. On doit donc lire *Nasada Leugæ* VIIII ; c'est-à-dire Nasada est à neuf lieues gauloises d'ici ; or cette distance est précisément celle qui existe entre Plancoët et Erqui, en suivant la voie romaine de Corseul à ce dernier lieu.

Nasada était donc à Erquy. Si cette intéressante inscription avait été plus tôt comprise, les moutons de d'Anville, hallucinés par l'image de Reginea, ne se seraient probablement pas jetés à la mer au droit d'Erquy.

Les inscriptions sur poteries étaient en très grand nombre ; on en a vu des milliers ; toutes ont disparu. Les seules que nous ayons pu recueillir sont celles qui suivent : VLICCO ; VIAIIM ; ΛΑΙV ; BANVI ; VARIV. ON ; CVIIA et ROSTI.

---

[1]. Cette colonne est au château de Riousse à Plancoët.

§ 3. — *Ses médailles.*

Le musée de Dinan en conserve une collection dont voici le relevé.

Médailles consulaires : Antonia, moyen bronze ; Ronia, moyen bronze ; Cæsar-Aug. trib. potest., moyen bronze ; Cn Blasio, moyen bronze ; Flaminia moyen bronze ; Gallia Aug. trib., moyen bronze portant dans le champ S. C.

Médailles impériales : Auguste, argent ; Agrippa, bronze ; Tibère, or, argent et bronze ; Claude Ier ; Néron, bronze ; Octavie ; Vespasien, or ; Titus et Domitien, or ; Domitien, bronze ; Nerva, bronze ; Trajan, bronze ; Adrien, bronze ; Sabina Augusta, bronze ; Antonin, trois métaux ; Faustine mère, argent et bronze ; Aurélien, argent ; Marc-Aurèle ; Faustine jeune, bronze ; Luc-Verus, argent et bronze ; Lucilla, bronze ; Commode, argent ; Crispina ; Caracalla, bronze ; Elagabale, argent, bronze ; Sévère-Alexandre, argent ; Julia Mammæa, bronze ; Maximin, bronze ; Gordien III, bronze ; Philippe père, bronze ; Philippe fils, bronze ; Trajan Dèce, bronze ; Trébonanius-Gallus, bronze : Volusien, potain ; Gallien, argent, bronze ; Posthume, potain, bronze ; Victorin, père ; Marius, bronze ; Tetricus I ; Tetricus II, potain ; Tacite, bronze ; Probus, bronze ; Dioclétien, bronze ; Maximien Hercule, bronze ; Constance Chlore, bronze ; Constantin Ier, bronze.

Quelques autres recueillies sur les voies romaines dans les environs de Corseul sont à l'effigie de : Crispus (326), bronze ; Valentinien (364-367), or et bronze ; Valens (364), bronze ; Gratien (367) ; Magnus-Maximus (415), bronze ; Valentinien II (375-379) ; Marcien (450), bronze ; Sévère II (565).

M. Delaporte en mentionne une soixantaine : Jules

César ; Germanicus-Cœsar ; Caius Cæsar ; Caligula ; Domitien ; Néron ; Tib. Flav. ; Vespasien ; Titus Vespasien ; Marcus Ulpius Crintius ; Adrien ; Antonin le Pieux ; Faustine, femme de Marc-Aurèle ; Heliogabale ; Volusianus ; Victorinus ; Tetricus ; Aurélien ; Probus ; Dioclétien ; Maximien ; Constantin Ier, et une de Constantin II (337-350) trouvée sur la voie romaine.

Le même auteur relate une médaille portant la légende INSIGNIA ROMÆ, sans autre description, et une autre sur laquelle on lit : VRBS ROMA, en argent ; on y voit sur la face la figure d'un guerrier et sur le revers la louve allaitant Romulus et Remus.

D'autres affirment avoir vu plus de deux mille pièces tirées de Corseul, dont aucune n'est postérieure à Constantin Ier.

Les plus abondantes sont, comme partout, celles de Posthume et de Tétricus.

La nomenclature de celles du musée de Rennes nous manque. Un très grand nombre sont à l'étranger.

Sur la voie romaine, entre l'Hôtellerie et le ruisseau, on dit avoir trouvé une monnaie de Charles-le-Chauve, ce qui n'est point surprenant ; mais à aucune époque on a rencontré de monnaie mérovingienne proprement dite, à Corseul ni dans les environs, ce qui concorde avec les autres documents archéologiques.

§ 4. — *Ses curiosités.*

1° Une statuette en bronze, de 0^{m}15, trouvée en 1802 et recueillie par M. Benjamin de Launay, de Dinan.

2° Des figures en relief de Vénus et de Cupidon, trouvées en 1809 ; on ne dit pas en quelle matière ; elles sont perdues.

3° Une déesse en bronze, d'une belle facture, dessinée

par M. de Robien ; voir son manuscrit à la bibliothèque de Rennes.

4° Un Mercure, d'un goût plus grossier, même manuscrit.

5° Une main votive et une corne de cerf en bronze, même manuscrit.

6° Une idole de bronze qui a l'index de droite posé sur la bouche, idem.

7° Une petite statuette d'argile, avec un doigt sur la bouche, semblable à la précédente, signalée par M. Delaporte, perdue.

8° Un petit animal de bronze, signalé par M. Nadaud.

9° Un grand clou doré de quatre pouces de long, idem.

10° Une romaine au croc à peser, en cuivre, idem.

11° Un reste de statuette de femme, en terre de pipe, idem.

12° Des verres plats, assez épais, transparents, idem.

13° Un sceau d'or, pesant plus d'une once, en forme d'anneau à la chevalière, monté d'un lapis ovale, d'un centimètre dans sa plus grande largeur, sur lequel sont représentés deux guerriers se tenant entrelacés, idem.

14° Un bouclier rond en bronze, de 0m75 de diamètre, un peu bombé et représentant une tête hideuse entourée des éclats de la foudre, ou plutôt de serpents déformés (la tête de Méduse apparemment), idem.

15° Une statuette en bronze, tête de femme portant un croissant et provenant du ruisseau de la Braye, près de Plancoët (une Diane probablement), idem.

16° Un simulacre en bronze, de 0m10 de hauteur, représentant un torse humain, ayant une main sur la poitrine et l'autre pendante, idem.

17° Un sphynx en granite, trouvé au fond d'un puits, idem.

18° Des têtes grossièrement sculptées, trouvées également au fond d'un puits ; deux sont chez M. Rioult, au château de l'Argentaye, près de Pancouët. La *Revue Archéologique* de 1864 les signale.

19° Un coin en bronze de la longueur du doigt.
20° Un petit poignard en bronze.
21° Un glaive de même matière, ayant 0m75 de longueur.
22° Débris d'une amphore, au musée de Dinan.
23° Un poids romain en terre cuite, idem.
24° Cinq lampes en terre cuite, idem.
25° Deux petits vases en verre, dits lacrymatoires, idem.
26° Un petit vase en terre cuite, idem.
27° Un pied de quadrupède en bronze, idem.
28° Deux échantillons de pavage mosaïque, idem
29° Une spatule en bronze, idem.
30° Une clef en bronze, idem.
31° Une cuiller en bronze, idem.
32° Un fragment de trépied en bronze, idem.
33° Un fragment de quadrupède en bronze, idem.
34° Un pied de sphynx en bronze.
35° Six fragments d'épée romaine, en bronze.
36° Une fiole, en terre cuite.
37° Accessoires de harnais, en bronze.
38° Plusieurs anneaux.
39° Nombreux débris de poterie romaine.
40° Une agrafe de manteau en bronze, portant un amour ailé dans une couronne de roses, cabinet du docteur Aussant, à Rennes.
41° Une bossette en or, idem.
42° Un dé à jouer en os, idem.
43° Une cornaline gravée en creux, idem.
44° Deux boucles en bronze, idem.
45° Des chaînes et chaînettes en bronze, idem.
46° Des fragments de verre irisé, idem.
47° Un peigne en bronze, idem.
48° Un reste de statuette de femme en terre blanche,

fragment de six centimètres de haut, collection du château de l'Argentaye, à Plancoët.

49° Un quadrupède en bronze de trois centimètres et demi de longueur, chargé d'un bissac pendant de chaque côté, idem.

50° Une statuette en terre blanche à laquelle manquent les pieds et le socle sur lequel ils étaient posés. C'est une Vénus relevant ses cheveux de la main droite et appuyant la gauche sur un cippe ; elle est nue. Le fragment a quatorze centimètres de hauteur, idem.

51° Deux socles de statuettes avec la moitié des jambes, pareilles à la précédente, idem.

52° Une statuette de Minerve, à laquelle manque la tête, en terre blanche, d'environ quatorze à quinze centimètres de hauteur. Elle est vêtue d'une robe largement drapée. La main gauche s'appuie sur un bouclier. L'autre est relevée comme pour soutenir une lance. La queue du casque se remarque sur ses épaules, même collection.

53° Une tête de statuette du genre des précédentes, idem.

54° Visage d'une statuette plus forte que les précédentes, idem.

55° Deux statuettes en terre blanche, d'un moule différent, mais d'un travail identique. Les parties postérieures et antérieures ont été moulées et rejointes avant la cuisson : chacune d'elles forme bas-relief dans un encadrement de même terre que la figure et de forme quadrangulaire allongée. Cette figure est une femme nue. Les seins sont marqués par des cercles entourant un mamelon, sans renflement de la mamelle. Les bras sont pendants, les doigts longs, mal dessinés. Les pieds, longs aussi, mais mieux rendus, s'appuient sur un rebord de deux centimètres, placé en avant, et qui suffit pour maintenir la statuette. Mais ce qui est tout à fait remarquable, c'est le mot REXSVSEVIOS écrit en relief au-dessous du sein d'une de ces statuettes. Cette intéressante figurine a seize centimètres de hauteur ; l'encadrement a de largeur, aux épaules, cinq centimètres et demi, et aux pieds quatre centimètres ; même collection.

56° Une petite clé en bronze, qu'un anneau permettait de porter au doigt. Cet anneau joint le panneton qui a deux centimètres de longueur et un demi de largeur ; il a une seule dent et était foré, idem.

57° Une petite bouteille en verre blanc, un peu irisé, de 4 centimètres de hauteur, 2 1/2 de largeur au renflement, et 8 de tour. L'action du feu qui a fondu une partie du verre, en a bouché le goulot, idem.

58° Une cuiller de bronze détériorée par le feu et cassée au manche, idem.

59° Un petit objet en bronze dont on ne connaît pas l'usage, idem.

60° Une boucle en bronze, idem.

61° Une sorte de plomb d'équerre, dont se servent les maçons, en bronze, idem.

62° Un pied de cheval, brisé à mi-jambe, en bronze, idem.

63° Un petit ciseau en fer, de 12 centimètres de longueur et d'un centimètre au coupant, idem.

64° Un sifflet en os. C'est un tube de 3 centimètres 1/2 de longueur, 1 1/2 de diamètre, ouvert aux deux bouts, et portant au milieu un trou d'un 1/2 centimètre, par lequel, soufflant avec force, en fermant les extrémités avec le pouce et l'index, on produit un sifflement aigu, idem.

65° Un petit pot de terre cuite gréseuse à ouverture triangulaire, dont les côtés de 9 à 10 centimètres sont légèrement convexes. Le diamètre du fond est de 4 centimètres ; la hauteur du vase est de 16 centimètres, idem.

66. Une petite bouteille en terre jaunâtre, fine, au ventre élargi, et goulot resserré, sans anse et d'une

forme élégante. Elle a huit centimètres 1/2 de hauteur et 14 centimètres 1/2 de diamètre à son plus fort renflement, idem.

67° Un pot de terre grise, sans anse, à large ouverture, ayant 15 centimètres d'ouverture, idem.

68° Une assez grande quantité de morceaux de verre blanc et vert, irisés, idem.

69° Un vase de 7 à 8 pouces de diamètre d'une terre grossière et de l'épaisseur d'un pouce de physionomie gauloise, musée de Saint-Brieuc.

70° De jolis fragments de poterie rouge et fine, ornés de bas reliefs, idem.

71° Un fond de vase en terre rouge, assez fin, idem.

72° Un fragment d'enduit en mortier, sans mélange de ciment de tuilots, garni de stuc, portant des barres de couleur rouge, idem.

73° Un fond de vase en terre fine, rouge et noire, ayant quelque rapport avec les vases étrusques, idem.

74° Une petite statuette en bronze, représentant une femme en habit long. Le bras droit est cassé, idem.

75° Jambes et socle arrondi d'une statuette de femme en terre blanche, idem.

76° La moitié d'un fer à cheval, idem.

77° Une statuette en bronze, de 9 centimètres de hauteur, d'une belle composition, représentant un joueur de palestre; elle fait partie de la collection de Madame Huet, à Corseul.

78° Un vase en terre cuite portant un cachet oriental, idem.

79° Diverses poteries rouges portant au fond, les noms des potiers qui suivent : VLICCO; VIAIIM; AAIV; VARIV. ON; CVIIA et ROSTI. Les trois premières font partie de la collection de Madame Huet; les trois dernières sont entre les mains de M. de Pontbriant.

80° M. Rioust en possède une autre portant le nom

de BANVI, tracé en relief, en caractères cursifs, placés non dans le fond du pot, mais parmi les bas reliefs.

81° Des clefs en bronze et en fer; la plus intéressante est chez M. de Pontbriant.

82° Quelques urnes en poterie et en verre, mais en petite quantité, ce qui peut faire supposer qu'il y avait à Corseul un columbarium non encore retrouvé.

83° Des haches celtiques en prodigieuse quantité.

84° Un pot en terre brune portant des caractères inconnus, possédé par Madame Huet.

85° Des pierres creuses paraissant avoir composé des mesures, qu'on trouve dans la même collection.

L'auteur du mémoire inséré dans l'*Annuaire Dinannais en 1826* dit que l'ingénieur de l'Etat qui vint dépouiller les ruines d'un temple en 1775, ne laissa sur place qu'une petite statuette en bronze représentant une femme assise, portant sur ses genoux un enfant qu'elle allaite.

J'ai sous les yeux, ajoute l'auteur du mémoire, deux jolis dessins dont l'un représente un buste de femme en bronze de 16 centimètres de hauteur; sa robe est drapée avec grâce sur ses seins : la figure a la dignité réunie à la beauté : sa chevelure distribuée avec élégance, forme sur le sommet de la tête un large croissant d'où il induit, sans beaucoup de raison, que c'était un buste de Diane.

De cette citation il faut pourtant retenir que la première de ces statuettes présente une grande analogie avec celle que nous avons reproduite fig. 5. et qui nous a paru devoir être attribuée à la déesse Sirona ou Sirana dont elle porte le nom.

Des colis d'objets de toute nature dont un grand nombre étaient précieux ont été transportés à l'étranger et des tombereaux de poteries samiennes portant des inscriptions ont servi d'encaissement aux chemins ; l'on voit encore des enduits peints, des fragments d'aires en ciment et même des fragments de mosaïques jetés aux décombres, derrière la maison des Frères de l'école chrétienne. Nous avions sollicité leur transport à la mairie : on n'a tenu aucun compte de notre demande. Magnanime administration française que les étrangers nous envient !

§ 5. — *Sa citadelle.*

A 1800 mètres à l'ouest du clocher de Corseul (Pl. II), est un mont escarpé, d'un aspect imposant, dont le moyen-âge s'empara pour y élever un de ses formidables châteaux féodaux flanqué de huit tours : son nom est Montafilan.

A diverses époques on a trouvé des vestiges romains parmi les restes de ce château démantelé et en grande partie détruit.

Ce fut là sans doute le siège de la citadelle de Corseul.

Le nom de Montafilan, qui se compose du *philo* des Grecs, qualificatif d'ami, de tutélaire, ne serait-il pas une indication de sa destination première ? On a assez de noms en France qui ont conservé une physionomie grecque, pour ne pas repousser trop durement une assimilation qui n'est pas sans précédent, surtout dans les noms latins du 1er siècle. Au reste ce n'est là que ce que nous appellerons une impression.

Par sa situation, la citadelle pouvait non seulement commander la ville, mais protéger trois voies romaines passant à peu de distance de ses murs, dans les conditions propres à ces sortes d'édifices.

§ 6. — *Son monument du Haut-Bécherel.*

Dans son mémoire à l'Académie, en 1709, l'ingénieur de Saint-Malo parle du monument du Haut-Bécherel en ces termes :

« Environ à 800 toises de l'église, au sud-est, sur
« une hauteur, on voit la moitié d'un temple octogone
« qui subsiste encore hors de terre, de trente et un
« pieds de haut, revestu par dedans et par dehors de
« petites pierres de quatre pouces en quarré, taillées
« proprement et posées par assises réglées. — Les
« angles, le bas et le haut, à quatre pieds près du som-
« met, sont écorchez comme s'il y avoit eu une base,
« une corniche et quelques incrustations. — Entre les
« pans de l'octogone, on remarque aussi quantités de
« trous. — Aux costéz de ce temple, on découvre quel-
« ques vestiges d'une levée, couverte d'un enduit de
« ciment appliqué sur des pierres à sec.

« Il paroist d'autres restes de chemin, en forme de
« levées, qui pourraient bien estre l'ouvrage des Romains
« depuis Corseul jusqu'à deux lieues loin, auprès de
« Beaubois, et depuis ce temple jusqu'à pareille dis-
« tance du costé de Quevert. Ce chemin est, en plusieurs
« endroits, dans son entier, quoique le plus souvent
« couverte de terre [1].

Montfaucon, dans son *Supplément à l'antiquité expliquée*, tome II, p. 234, 1724, donne un plan fautif, nous pourrions dire imaginatif, à ce monument, plan qui ne fut relevé assez exactement que par M. Fornier, président à la cour de Rennes. Nous en avons corrigé les

---

1. L'ingénieur de Saint-Malo fait erreur pour le chemin qu'il dirige vers Beaubourg ; il a voulu sans doute dire à une certaine distance de Beaubourg, car la voie à laquelle il fait allusion passait à gauche de Jugon.

quelques petites inexactitudes, en voici l'image (fig. 7).
Le monument, qui est à l'état de substructions, dans toutes ses parties, sauf au-devant de l'abside A, (même

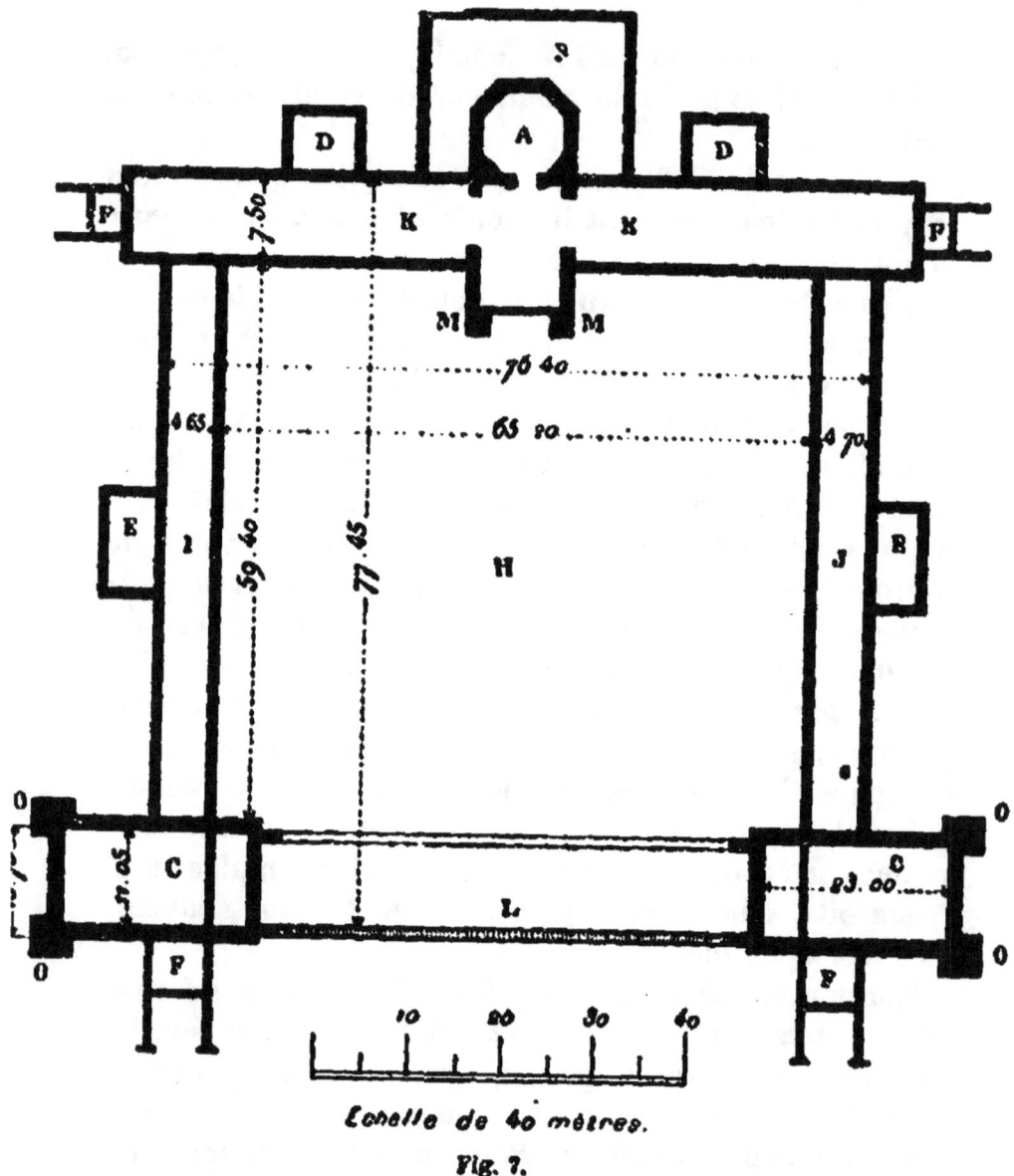

Fig. 7.

figure), forme un quadrilatère de 77m45 sur 76m40, sans compter la saillie des grands pavillons de face CC, de l'abside A, du péribole B, des annexes EE, DD et des abouts de galeries KK.

Au milieu est un atrium de 59ᵐ40 sur 65ᵐ20 contourné de galeries JJ, KK sur trois faces, communiquant à l'intérieur de la cella octogonale A, aux deux pavillons de face CC et aux annexes EE.

De ces galeries on descendait dans l'atrium H par un emmarchement muni d'un portique orné de deux colonnes MM dont un des fûts ayant 1ᵐ de diamètre, est resté sur place, enfoui dans les terres, où nous avons pu le retrouver. On y accédait à l'extérieur par quatre perrons DD, FF dont deux étaient placés en façade, au-devant des pavillons CC.

L'épaisseur des murs (1ᵐ59) indique que ces pavillons étaient extérieurement ornés d'un ordre d'architecture au moyen de colonnes engagées, de 1ᵐ de diamètre, comme celles du petit portique intérieur.

Entre les deux pavillons, à l'intérieur, devait régner un portique continu. Ces pavillons de 23ᵐ de face formaient une forte saillie sur les faces latérales portent à l'extérieur des massifs OOOO qui devaient être couronnés de trophées ou motifs décoratifs.

Les murs extérieurs des galeries JJ, KK et des annexes EE, DD, de 0ᵐ90 d'épaisseur ne dénotent aucune décoration particulière.

Sous les galeries, et annexes comme sous toutes les parties de l'édifice, on ne remarque ni caves, ni hypocaustes. On y trouve seulement les traces d'un souterrain communiquant sous une des annexes D.

Les galeries JJ, KK, leurs annexes EE DD, et le péribole B, ne paraissent pas avoir été élevés plus haut que le rez-de-chaussée. Les pavillons et l'abside avec son prolongement jusqu'à l'atrium, devaient seuls s'élever à une hauteur d'environ 12 mètres.

La seule partie de ce grand monument qui émerge le sol, est comme nous l'avons dit l'abside A, dont nous donnons la vue perspective (fig. 8) et qui n'est point octogone à l'extérieur comme on l'a dit tant de fois : elle s'élève à environ dix mètres de hauteur sur les trois pans coupés qui la terminent.

Ces murailles en petit appareil très soigné présentent un cours de déraillements à environ 8 mètres du sol, sur un mètre de largeur, qu'on avait pris pour l'emplacement d'une corniche qui aurait été démolie, et, cette étrange opinion n'a pas cessé d'être admise.

Il ne faut pourtant pas une grande somme de connaissances techniques pour savoir qu'une corniche ne se colle pas à un monument et qu'elle exige des queues d'assises dans toute l'épaisseur du mur, ou du moins sur une épaisseur égale à sa saillie qui, dans l'espèce, devait avoir au moins soixante centimètres; or, les arrachements n'ont que 0^m27 de profondeur en moyenne.

Ces déraillements dénotent simplement un revêtement de pierre ou de marbre, si communs dans les monuments anciens des Coriosolites, dalles qui étaient ornées de sculptures de peu de relief et représentant ordinairement des hippocampes ou autres attributs maritimes.

On ne serait pas même fondé à admettre que ces revêtements aient constitué la frise d'une corniche ayant couronné l'édifice, car au-dessus du champ qu'elle aurait occupé la surface du mur redevient plane, en petit appareil. Si donc le monument fut couronné d'une corniche et de sa frise constituant un entablement complet, cet entablement n'aurait pu trouver sa place qu'au-dessus de la crête actuelle des murs.

Des déraillements analogues, mais beaucoup moins profonds, existent sur les angles des pans coupés, au-dessous de la frise sus-indiquée : ce qui prouve que ces angles étaient aussi revêtus de dalles analogues[1].

---

[1]. Un savant de marque a écrit quelque part que les déchirures de 0^m08 de profondeur aux angles indiquaient la présence de colonnes saillantes. Il nous semble que s'il y avait eu des colonnes en saillie elles auraient au moins reposé sur des massifs en fondation, qui manquent absolument. Il nous semble encore que

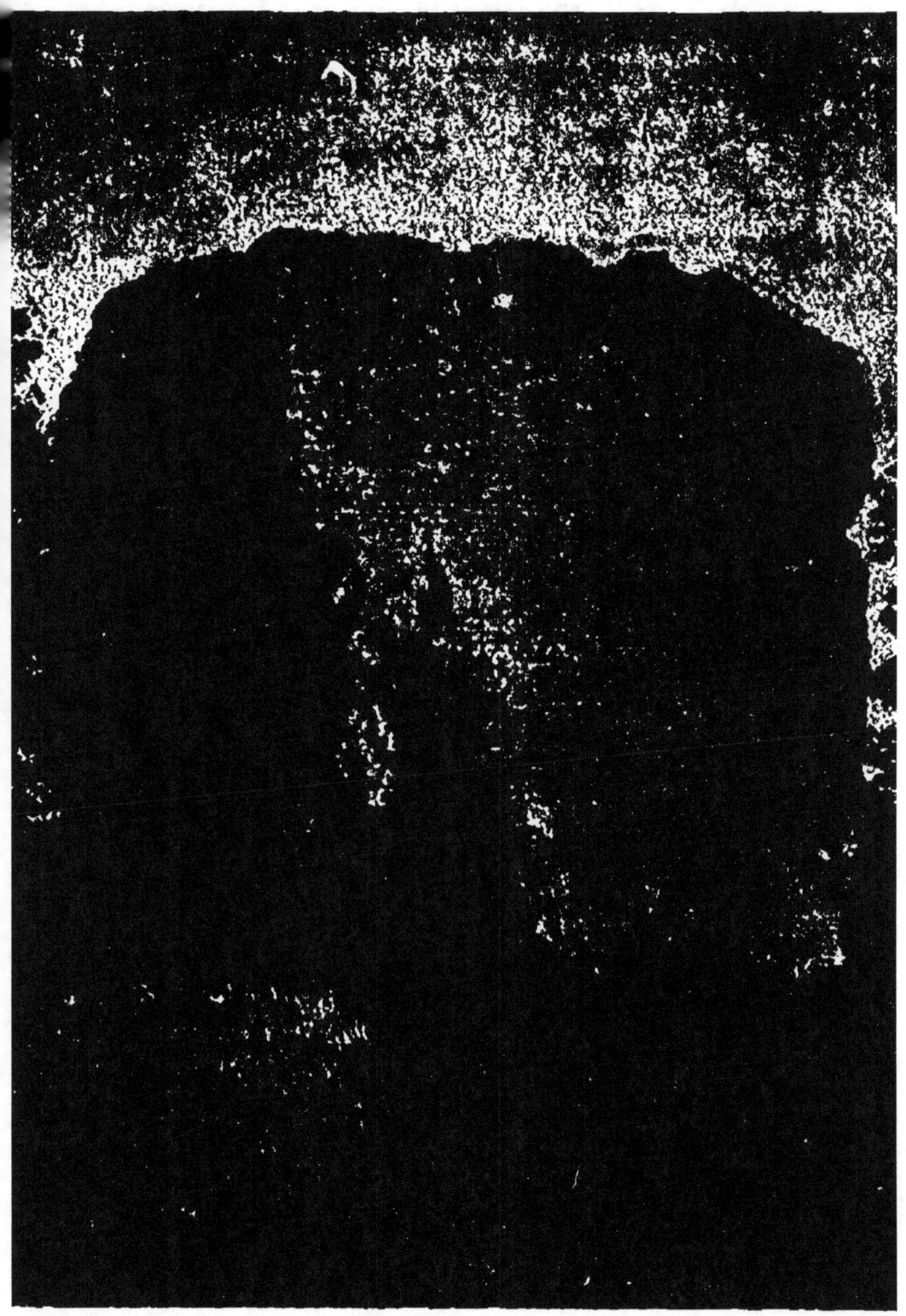

Fig. 8.

Ce genre de décoration constitué par une frise isolée, en revêtement, et complété par des montants de même ordonnance, présentait un mode original de décoration qu'on ne trouve pas ordinairement dans les monuments romains des autres pays ; il paraît procéder de pratiques gauloises et d'influences locales, nous allions dire nationales.

Les trous de boulins disposés sur lignes horizontales qui sont au nombre de six à la première section, de dix à la seconde, de onze à la troisième, de douze à la quatrième, de neuf à la cinquième et à la sixième, sont encore apparents. Chaque section est composée de 13 rangées de moëllons appareillés, ayant chacune y compris leurs joints, 12 centimètres et demi de hauteur.

C'est le plus beau spécimen de murailles en petit appareil que nous ayons en France. Aucunes chaînes de briques n'y apparaissent comme dans les édifices d'un âge subséquent. C'est l'époque d'Auguste avec tous ses caractères.

L'édifice était couvert, car on trouve, sur le sol, une multitude de clous de charpente et de nombreux débris de tuiles à rebords plus ou moins broyés par la charrue.

Le parement extérieur n'a jamais reçu d'enduits, et c'eût été grand dommage. Le parement intérieur est également resté vierge de toute application, sauf dans sa partie basse, sur une hauteur d'environ deux mètres où il y avait un revêtement de dalles en marbre couronné d'une cimaise de même matière, dont on a trouvé des débris. Le fait n'est pas sans précédent, mais il est à noter, car l'air et le vent avaient libre passage au travers des

des colonnes ne se collent pas précisément contre un édifice mais qu'elles s'y engagent d'une épaisseur au moins égale à celle de leur diamètre; il nous semble enfin qu'une colonne a pour office de porter une saillie dont il n'y a trace. Ce qui prouve que tous les savants de marque ne sont pas des archéologues de qualité.

murs, en élévation, par les trous de boulins qui n'ont jamais été bouchés.

A l'intérieur, le plan de l'édifice formait un octogone parfait, contrairement au plan relevé par M. Fornier qui pourtant est assez exact.

Les murs qui ont un mètre d'épaisseur sont en blocage de moëllons, hourdés en mortier de chaux et sable, entre les deux parements appareillés.

Autour de la cella que nous venons de décrire régnait un péribole B (fig. 7) dont les fondations restent cachées dans le sol.

Près de là est un puits qu'on dit ancien, mais qui en l'état, est certainement de construction moderne.

A environ 500 mètres à l'est est une fontaine intarissable dont le bassin est orné de croix, taillées probablement à même les pierres du monument antique. Ce bassin, qui porte le nom de Saint-Tural, a onze pieds et demi sur ses quatre faces et cinq pieds de profondeur.

En 1841, M. Biseul constatait que les paysans du lieu déclaraient qu'entre le monument et la fontaine Saint-Tual ils avaient trouvé des substructions assez nombreuses et il en concluait que le monument devait se prolonger sur tout cet espace. C'est assurément de l'exagération.

Nous avons bien reconnu certains vestiges de constructions à peu de distance du monument dans la direction indiquée; mais ils disparaissent absolument au-delà de cent mètres. Il pourrait donc se faire qu'il y eût eu un autre monument sur cet espace; mais c'est problématique. Des fouilles bien dirigées pourraient apporter la lumière; qui les fera? personne, et ce n'est peut-être pas un malheur, car les fouilles telles qu'on les pratique sont des œuvres de destruction.

D'après Montfaucon, on aurait recueilli, au bas du Mont-Bécherel, un tronçon de colonne mesurant un mètre de diamètre. Si ce tronçon provenait du monument dont il s'agit, comme c'est probable puisque nous en avons trouvé un semblable dans l'édifice même, il devait avoir appartenu à l'une des deux colonnes qui formaient le portique de la cella, sur l'atrium aux points MM.

Ce remarquable monument, classé pourtant comme monument historique, au ministère des Beaux-Arts, est complètement abandonné ; il menace ruine et nous l'avons déjà étayé à nos frais ; mais les besogneux du pays ont enlevé nos trois petites chandelles. S'il n'est pas tombé c'est miracle... il tombera et les fonctionnaires préposés à sa garde ne continueront pas moins de toucher les émoluments attachés à leur service[1] !

Ce monument fut-il un temple ? quelques raisons pourraient le faire croire et il n'est pas sans analogie avec le temple d'Hercule de Tivoli, au moins par son

Fig. 9

plan, dont voici l'image (fig. 9) ; mais d'autres raisons militeraient en faveur d'une destination moins exclusive sans affecter le caractère religieux d'une de ses parties. De nos jours nous avons des édifices ayant pour annexe une chapelle, quoiqu'ils soient d'un ordre civil.

---

[1]. On a toujours été indulgent pour les fonctionnaires qui laissent périr les monuments confiés à leur garde. — Sous Tibère, le grand amphithéâtre en s'affaissant écrasa vingt mille spectateurs et l'auteur responsable de cet affreux désastre fut simplement banni. — Au temps d'Aristophane les Inspecteurs généraux des Beaux-Arts, qui ne faisaient leur service que le jour de l'émargement tenaient offices de marchands de saucisses, sous les portiques de l'Agora, lieu propice pour briguer les honneurs, au pluriel. Il est vrai qu'alors les monuments de Grèce étaient solides.

En tout cas rien n'indique que sa cella, pas plus que son ensemble, fussent dédiés au dieu Mars comme on s'est plu à le proclamer.

Il faut attendre de plus amples études pour se prononcer[1].

§ 7. — *Ses voies romaines*

Sept voies partaient de Corseul : 1° celle d'Alet ; 2° celle de St-Jacut ; 3° celle d'Erquy ; 4° celle de Carhaix ; 5° celle de Vannes ; 6° celle de Nantes par Duretie ; 7° celle du Mans sur laquelle se bifurquaient les chaussées d'Avranches, de Rennes et de Jublains.

1° La voie d'Alet, qui porte encore le nom d'Estrat partait du Forum, passait à la Croix-des-Rues, près de Languenon, au lieu de la Rue, à gauche de Perthuit, au Haut-Chemin, près de l'anse de Dinard, qui alors était terre ferme, pour partie, et qu'elle traversait à gué. Cette voie qui n'a point été fouillée demande une étude approfondie.

2° La voie de St-Jacut, qui n'avait jamais été signalée et dont nous avons trouvé les traces jusqu'au Pont-Brulé, devait gagner Frégon ; c'était une chaussée de second ordre ; sa largeur était de 5^m.

3° La voie d'Erquy (Nasada) était encore un chemin de l'Estrat avant qu'il eût été transformé en chemin de grande communication de Dinan à Plancoët ; elle est aujourd'hui le fond de la route moderne.

A Plancoët on a rencontré les vestiges d'un pont an-

---

[1]. L'ambition est le moindre de nos défauts ; nous sommes de ceux qui ne demandent rien et qui n'acceptent rien. Cependant, si on nous offrait un poste influent dans les Côtes-du-Nord, nous aurions peut-être la faiblesse de l'accepter, pour vingt-quatre heures, afin de prendre ou faire prendre toutes les mesures utiles en vue de la consolidation du monument du Haut-Bécherel et de la conservation des ruines de Corseul.

tique et des fragments de chaussée, dans le chemin appelé le chemin Perré.

En 1852 on déterra, à peu de distance de cette localité, dans le cimetière de Saint-Lormel, une colonne léugaire dont nous avons donné *supra* l'inscription portant à la cinquième ligne. N. VIIII. indication certaine de la ville de Nasada qui se trouve précisément à neuf lieues gauloises de Plancoët, sur l'emplacement d'Erquy dont on avait fait inconsidérément Roginea.

En suivant la ligne droite, la voie eût passé près de Potan, à Ruca et Ville-Vieux. Desjardins et Biseul lui font faire un léger contour à gauche par le Vieux Chemin, Henan-Bilhen et Bois-Robert. Quoi qu'il en soit elle est authentique.

4° Celle de Carhaix (Verganium), par Lamballe, aurait touché Bourseul, Porée et Saint-Jean où l'on rencontre des ruines romaines. On croit en reconnaître le tracé en partant de Corseul, près de Ville-es-Hues, qu'il faut peut-être nommer Ville-es-Rues, nom qui serait bien justifié, car une autre voie, celle de Vannes, passait près de là.

5° Celle de Vannes qui est encore un chemin de l'Estrat, sortait du bourg de Corseul, au sud-ouest, passant à 150 mètres au sud-est de la Ville-es-Hues ou Rues, à l'est des villages du Val et de la Perronnière, au nord-ouest de la Moyneraie, puis à la Croix-Hingant, au pont de Guénaux, à 300 mètres au midi du village de la Hautière et à 600 mètres au sud-est du village de Pringnehel. Depuis la Moyneraie jusqu'au Guénaux, le chemin de l'Estrat sert de limite aux paroisses de Corseul et de Saint-Maudez ; puis en partie, entre Corseul et Plélan. Son parcours dans la paroisse de Corseul est de 4500 mètres.

Il traverse ensuite la partie nord-ouest de Plélan ; passe à 300 mètres S. E. du village de Quémignon ; à 400 mètres N. O. de Tougast ; à 500 mètres N. O. du manoir des Fossés ; à 300 mètres S. E. du Bas-Breil ; enfin au village de Couet-Vros ; puis il vient couper la route de Dinan à Jugon, à la Maison-Neuve, à un peu plus de quatre kilomètres de cette dernière ville.

C'est sur ce parcours, à environ 8500 mètres, c'est-à-dire près de 4 lieues gauloises, qu'on a trouvé une borne leugaire ci-dessus décrite, ayant 2ᵐ de hauteur et 0ᵐ57 de diamètre, et portant l'inscription.

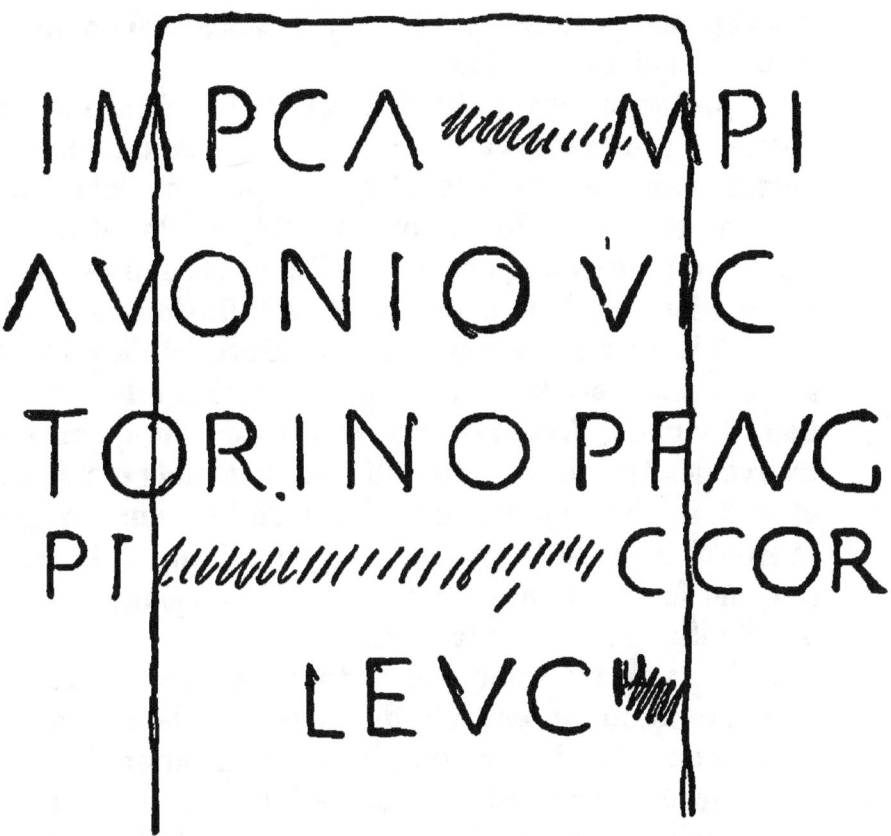

De la Maison-Neuve la voie se dirigeait sur Dolo en passant près de la Belle-Mézières et au lieu de la Rue, en traversant l'étang de Jugon, qui n'existait pas alors. C'est par erreur qu'on a supposé qu'elle touchait le bourg de Jugon.

Au-delà de Dolo, on peut la suivre assez facilement,

le long du chemin vicinal jusqu'au chemin de fer qu'elle coupe près de la gare de Plenée-le-Jugon.

Elle se prolongeait ensuite par la Ville-Josse et la Mare, où l'on a découvert les restes d'une agglomération romaine assez considérable. C'est encore par erreur qu'on a prétendu qu'elle passait au village de Langonedre sur l'Arguenon; elle est bien visible entre le chemin de fer et la Ville-Josse où le vieux chemin qui l'épouse porte encore le nom d'Estrat. Nous ne l'avons pas suivie plus loin.

Le prolongement de la chaussée en ligne droite conduirait à Lorient et cette remarque a une certaine importance au point de vue géographique, car selon nous, Lorient ou plutôt Port-Louis, à côté, fut la station de Sulim ou Suloz indiquée par la Table Théodosienne. La bifurcation dut donc avoir lieu à la Ville-Josse.

6° Celle de Nantes par Guer et Duretie n'a point été suffisamment étudiée; elle aurait passé à Vildé, Trébedan, Yvignac, Caulnes, etc. Il est certain qu'on en a trouvé des traces aux Bousselières, commune d'Yvignac, et à Caulnes. Toulmouche l'a indiquée sur sa carte et Biseul a voulu la reconstituer dans toute sa longueur par une foule de renseignements qui laissent à désirer; des fouilles seraient nécessaires.

7° La voie du Mans, en sortant de Corseul, passe à l'Hotellerie où on en voit distinctement la coupe dans la haie du chemin de grande communication de Dinan à Plancoët[1], franchit le Mont-Bécherel, au nord du grand monument décrit *supra*, en suivant l'ancien chemin, touche les prairies qui s'étendent jusqu'au village de Saint-Curial, gravit le coteau et se dirige sur celui de Tréfort.

---

1. C'est une stratification exécutée en pierres de grosseur proportionnée, avec couches intermédiaires d'un conrol d'argile, sans mortier ni ciment. Les scories de fer si communes dans les voies romaines de la Sarthe et de la Mayenne y font défaut. La chaussée ne comporte pas de statumen proprement dit. Conrol est un terme local synonyme d'argile.

Dans ce trajet et à égale distance des deux villages, à Coet-Fines, se forme l'embranchement de la voie d'Avranches[1] qui court sur le bourg de Taden en passant par Quévert.

La voie du Mans continue à suivre l'ancien chemin vicinal de Plancoët à Dinan, dont la direction a été rectifiée vers 1850. Elle passe ainsi au village de Tréfort, puis au bout de l'avenue et au midi de la Croix-Aubry, entre dans la commune de Quévert, en laisse le clocher à 450 mètres au nord, arrive au village de la Coudraye, au-dessous duquel elle disparaît dans un ravin profond où se trouvent le pont et le village du Brets; elle va passer ensuite au village des Hauts-Breils, puis à l'est de Malaunay et enfin vient couper la route de Dinan à Jugon, aux Charrières[2], assez près de la Chapelle-Sainte-Anne. C'est de là qu'elle se rend à Lehon en descendant le coteau de la Rance, sans qu'on puisse la reconnaître dans cette partie, en passant au sud de Dinan où l'on a trouvé des médailles romaines et qui fut apparemment un établissement romain.

A Lehon la chaussée a laissée des traces tangibles reconnues à toutes les époques. Là, fut fondée une abbaye qu'on attribue à Nominoë, sur les ruines d'une agglomération romaine, dont il ne reste que de rares débris[3].

---

1. L'ingénieur de Saint-Malo signale cette voie jusqu'à deux lieues du côté de Quévert en ajoutant qu'elle est, en plusieurs endroits, en son entier, quoique le plus souvent recouverte de terre.

2. Ces noms de même que celui de Breil qui précède se rencontrent assez ordinairement sur les voies romaines. La terminaison de Quévert nous paraît même être un dérivé de Via qui se présente souvent sous la forme de Vair, Varie.

3. On sait que Dinan a toujours été considéré comme ayant formé un camp romain, et que les hauteurs de Lehon sont citées comme ayant été couronnées de fortifications romaines. Ce qui est certain, c'est que le Moyen-Age tira parti de ces positions qui dominent la Rance. (Voyez l'historien Le Baud; Mahéo, *Notice sur Dinan*, Bibliothèque Bretonne 1851, p. 396; *Annuaire*

La voie se prolonge ensuite sur Saint-James où elle est traversée par une autre chaussée tendant du nord au sud, que Bizeul croit être la voie de Corseul à Rennes, court sur la droite de Combourg en passant par la Haute-Ville[1] et Meillac, ou du moins tout à côté; touche la Haute-Ruée[2] où Toulmouche signale des ruines romaines, la chapelle de Landhuau, la Fresnaye et le Plessis[3], avant d'arriver à Vieux-Vy, ou plutôt au Moulinet[4], centre romain assez important qui a dû précéder l'agglomération actuelle.

Entre Saint-James et Vieux-Vy ce tracé est exactement le même que celui dont Toulmouche donne la figure, sur sa carte.

Au-delà de Vieux-Vy, le même auteur, guidé par des renseignements inexacts, prolonge la voie sur Chailland et Martigné, en vue de la faire servir aux villes du Mans et de Jublains; c'est une erreur manifeste qui ne supporte pas la discussion.

A Vieux-Vy (Moulinet), la chaussée traverse le Coësnon où l'on montre encore le gué, passe sous le camp romain qui commandait le passage du fleuve, gagne la Mézière[5], Saint-Ouën-des-Alleux, l'Epine[6] et Vendel qui fut un autre centre romain assez important, sur les ruines duquel les Mérovingiens greffèrent une agglomération nouvelle.

Elle passe ensuite au Haut-Chemin[7], aux Rues[8], au Carrefour[9], à la Mancelière[10], s'infléchit un peu au sud

---

Dinannais 1885, p. 115; *Chronicon Britannicum*; *Le Dictionnaire d'Ogée*, article Lehon; Poignant, *Antiquités monumentales*, 1820, p. 23.

1, 2, 3. Noms qu'on rencontre ordinairement sur les voies romaines.

4. Le Moulinet est situé à 1 kil. au N. O. de Vieux-Vy; on y a trouvé les ruines d'un centre romain.

5. Maceria, nom qui est toujours attaché aux voies romaines.

6. Autre nom qu'on rencontre souvent dans les mêmes dispositions.

7, 8, 9, 10. Tous noms qu'on trouve ordinairement attachés aux voies romaines.

vers la Laurée, au droit de la queue de l'étang de Châtillon, gagne l'Hotellerie, le bas de Princé où elle reçoit l'embranchement de la voie de Fougères et d'Avranches, le Breil au bas de la Croixille, l'Hotellerie, le Bourg-Neuf, la Ferrière, le lieu de Rue-Beau[1], les Brosses, La Lorière[2], Main-Neuf et le Haut-Bourg-du-Genest.

C'est au Haut-Bourg-du-Genest qu'était l'agglomération romaine ou plutôt le Carrefour dont nous avons déjà parlé[3].

Entre la Rue-Beau situé au nord-ouest de Saint-Ouën-des-Toits et le Haut-Bourg-du-Genest, nous avons pu, avec le concours de M. Dubel, maire de Saint-Ouën-des-Toits, reconnaître les vestiges tangibles de la voie, sur toute la longueur du parcours.

La chaussée est encore apparente en divers endroits, notamment dans la baie d'une ruelle, près de Lorière, à environ 60 mètres de l'étang d'Olivet qui n'existait pas alors. La plupart des étangs sont effectivement du Moyen Age.

Depuis Corseul jusqu'à l'étang de Châtillon, la voie est construite par stratification, comportant couches superposées de petites pierres de diverses grosseurs et de conroi.

Au-delà du même point, le statumen apparaît sous forme de pavage de fond en grosses pierres, surmonté de couches de galets et de scories. Celles-ci deviennent de plus en plus abondantes à mesure qu'on approche du Mans. Au Genest la scorie est déjà employée exclusivement. Cette remarque n'est pas sans intérêt pour l'archéologie[4].

---

1. Nom ordinairement attaché aux voies romaines.
2. De *Laura*, grand chemin.
3. Le Haut-Bourg est situé au nord et à 1500 mètres du bourg actuel.
4. La voie oblique de Vendel à La Perrine est également construite par stratification et celle de Jublains à Aleth qu'elle croise est garnie de scorie sur statumen en pierre.

En sortant du Haut-Bourg la voie se dirigeait sur Grenoux et sur N.-D. des Périls où elle traversait la Mayenne à gué. Dans ce parcours elle touchait le lieu de la Chapelle où elle a laissé des vestiges tangibles de sa chaussée, sur le bord de la mare[1].

Elle gagnait ensuite la Verrerie[2], la Selle, la Chapelle-Rainsouin où était une station romaine d'une certaine importance, les Palis et la Bécane où elle était croisée par la voie de Jublains à Angers.

Elle courait ensuite sur le sud de Livet et la droite des Fouillés où ses traces sont apparentes, dans la pièce de terre portant le nom de Grand-Champ. située à l'angle du chemin vicinal d'Evron à Chammes et du chemin rural conduisant aux Fouillés.

Des traces de scories en révèlent le passage, jusqu'au centre romain d'Ambriers, dont une partie des substructions sont encore en place, notamment dans le champ des Masuriers appartenant à notre collègue à la Société archéologique de la Mayenne, M. Perrot. L'agglomération devait régner sans interruption entre le chemin de Voutré à Sainte-Suzanne par Ambriers et l'ancien cours de l'Erve, c'est-à-dire sur une longueur de près de 700 mètres ; sur cet espace le sol est jonché de débris antiques.

La voie se prolongeait ensuite sur la Croix-Ponteau, à Torcé, où était un cimetière mérovingien à environ 1200 mètres du camp comportant une agglomération ro-

1. Avec le concours de M. Samnine, directeur de la mine du Genest, nous avons pu reconnaître ses débris sur une longueur de plus de quatre mille mètres.
2 Tous les linguistes prétendent que Verrerie s'appliquait exclusivement à une fabrication de verre. C'est une erreur manifeste : jusqu'à ce jour nous n'avons jamais trouvé de traces de fabrication de verre dans le voisinage des localités qui portent ce nom qui, au contraire, est toujours attaché aux voies romaines, petites ou grandes. Verrerie qui s'écrivait Verrie, Vairie, ou Varie, au Moyen-Age, nous paraît donc un dérivé de *Via, Viaria*. C'est une de ces nombreuses théories créées dans le repos du cabinet, qui tombent une à une, sous la pioche de l'archéologue

maine, que nous avons découverte en 1886, près de la Grande-Guette. Les substructions des principaux monuments de cet établissement existent encore[1].

Au-delà de la Croix-Ponteau, la chaussée court sur la ferme de Soltru, où elle est apparente dans la haie du chemin ; au Pont, où les vestiges d'une agglomération romaine sont bien accusés, près du ruisseau appelé le Palais[2] ; passe sous les bâtiments des fermes du Petit et du Grand-Gavier, où ses traces sont reconnaissables ; franchit un ancien marais au-delà de la première côte, où, dans une mare, sur le bord du chemin actuel, on a trouvé la chaussée en maçonnerie assise sur un cours de pilotis formés de troncs de chêne de 0m60 de diamètre ; traverse l'étang de Conservin qui alors était un autre marais ; gravit la hauteur en se dirigeant sur le versant sud du Mont-Saint-Calais, en passant dans les champs qui avoisinent la carrière de pierre, où le sieur Tessier, encore vivant, a démoli en 1870 le pavage de la chaussée, sur une longueur de 200 mètres qu'il prenait pour le pavage d'une longue écurie (sic). Son encaissement est presqu'intact au bord de la mare de la ferme des Saints-Pères, et certaines pierres de son pavage sont encore sur les bords des fossés creusés pour la clôture des champs, entre cette ferme et l'étang de Conservin, de même que sur les bords du chemin vicinal de Parennes à Saint-Symphorien, à l'opposite, au haut de la butte Saint-Calais.

Saint-Calais fut une station romaine doublée d'un camp admirablement placé pour la défense du pays ; on y rencontre des débris de constructions romaines,

1. En 1870, le sr Cosson, fermier de la Grande-Guette, détruisit un de ces édifices : le temple, qui émergeait du sol de plus de 2 mètres. Une chapelle sous le vocable de Sainte-Cérunne y était depuis longtemps établie. C'était le siège d'une assemblée, chaque année.
2. Cette agglomération a laissé des traces sur une longueur d'environ 350 mètres.

et, un établissement mérovingien dut y être établi, car le sol renfermait des cercueils trapézoïdes en roussard. Là, près de la chapelle, est une fontaine intarissable, qui d'après les traditions dut être en vénération particulière au temps des Druides.

A la chapelle Saint-Calais la voie se divisait en deux branches courant l'une et l'autre sur le Mans.

La branche de droite, la plus directe, passait sous le château de Sourches; au Grand-Chemin sur le bord de la Vègre, à environ 1200 mètres au nord de Ruillé; au nord de la Grande-Grouas-d'Amné, près des champs des Fontaines où nous avons récemment découvert, avec le concours de M. Fromont, de Conlie, un établissement romain; au sud de la Petite-Grouas où sont les vestiges d'un cimetière mérovingien parmi lesquels étaient des cercueils en roussard, contenant des ossements et des ceinturons en cuivre; à la Croix-Percée et à Roupéroux, commune de Coulans, où M. Rolland, instituteur a, sur nos indications, trouvé le tracé de la chaussée, qui gagnait le nord de la Masserie et le bois de Bourg-l'Abbé près duquel elle se réunissait à celle de Jublains au Mans, en courant sur le Pouteau, au nord de Rouillon, qui fut apparemment l'antique Callemarcium, jusqu'à ce jour inutilement cherchée. C'est là où l'on découvrit en 1870 un vaste cimetière mérovingien, dont on a retiré 22 cercueils contenant des ossements[1], des ceinturons et des colliers de verroteries, qui tous ont été dispersés sans que l'administration s'en soit préoccupée.

Dans ce trajet, en partant de Saint-Calais, la chaussée suit le chemin des Hallières sur le bord duquel elle est pour ainsi dire encore entière, près de la jonction du chemin des Roussets. Dans les champs, à la suite et à gauche du même chemin des Hallières, de longues trai-

---

1. Un de ces cercueils est au musée de Courmenant.

nées de scories attestent son passage au sud du Hamonnier. Au-delà et près du chemin de Rouez à Saint-Symphorien, en face l'avenue du parc de Sourches, son pavage existe encore sur le bord d'un fossé. Elle a laissé des traces plus ou moins tangibles, jusqu'à Roupéroux où elles deviennent plus rares.

L'autre branche, celle de gauche, traverse le bois des Roches pour rejoindre la voie de Jublains vers le Chêne de Rouez, un peu à l'ouest de la Petite-Jambière, où elle se réunit à cette voie; passe à Saint-Léonard en cotoyant la gauche du chemin de Torcé à Tennie, qu'elle traverse au Petit-Beil; touche les lieux du Grand Chemin, de la Laiterie, de Bandry, de Moulin-Jumeau et du Buisson avant d'arriver sur la hauteur à Neuvy, qui fut une ville romaine.

De Neuvy elle se dirigeait vers la Quinte en suivant l'ancien chemin, qui règne entre ces localités, en passant au Ruau, à Gastine, aux Maisons-Rouges et au Four-à-Ban, où en démolissait récemment la chaussée on a trouvé des squellettes conservés dans le calcaire. Plus loin, dans le champ des Sablons, situé à peu de distance de la bifurcation du chemin de Conlie, le sieur Brindeau a démoli son statumen et son encaissement complets, sur une longueur de 60 mètres; il n'en reste qu'une petite partie sous la haie du chemin[1].

Entre le champ des Sablons et la Quinte on n'en trouve plus trace; mais des vestiges apparents indiquent un prolongement sur le fort de la Gentière, que nous avons découvert en 1885, avec le concours de M. le curé de Lavardin, à 1500 mètres au nord de la Quinte. Elle rejoignait ensuite l'extrémité du bourg, au lieu de l'Eclèche.

1. Il est pourtant probable qu'elle se dirigeait directement sur la Quinte et que les vestiges de son prolongement que nous signalons révèlent un embranchement motivé par la présence du fort de la Gentière.

A l'Eclèche où l'on trouve des ruines romaines, elle prenait la direction du Volet, et, sur ce court parcours, au Guignier, à peu de distance du chemin de Degré, son pavage a été démoli en 1872 sur une longueur d'environ 50 mètres par le fermier qui déclare que ce pavage était exclusivement formé de gros morceaux de scories.

Au Volet, elle formait un coude prononcé à droite, en épousant une autre voie magistrale courant du sud au nord, dont nous n'avons pu encore reconnaître la destination, et, les deux voies réunies en une seule gagnaient Tesnières en laissant des traces tangibles dans les champs de Gourdaine, appelés les Ferrimés, dans le petit taillis à la suite et dans la cour de la ferme des Aulnais qu'elles traversaient.

Tesnière fut un centre romain important; on y a trouvé de nombreuses substructions et un trésor composé de monnaies du Haut-Empire, dont les plus récentes sont du règne de Gordien.

A ce point, la voie sortait de la chaussée qui vient d'être signalée, et par un coude prononcé, à gauche, se prolongeant à l'est de Chauffour en traversant le bois de Martigné, où son encaissement en scories existe encore, sur une longueur d'environ de 800 mètres et une hauteur de un mètre environ : d'où un cube de plus de sept mille mètres.

En sortant du bois de Martigné, elle touchait la chapelle de Gabron et passait à l'est de la Roirie, croisait la grande route de Laval, près du calvaire de Chauffour, suivait le vieux chemin de Chauffour à Pruillé, traversait les champs de la Masserie au-delà du coude du chemin précité, épousait le chemin vicinal de Fay aux Maisons-Rouges, sur la longueur du coude qu'il forme, longeait le petit chemin à la suite et atteignait le bois de Bourg-l'Abbé, où elle se réunissait à l'embranchement précédemment décrit, pour courir directement sur le Mans.

Voilà une voie¹ qui est bien capable de donner la jaunisse à certains archéologues en chambre, amants passionnés de la ligne droite, qui veulent les voies romaines rigoureusement inflexibles, quand même et toujours. Statique, statégie, gorges profondes, précipices, marais, crêtes à pic, roches escarpées, rien ne peut y faire, il faut que la ligne soit droite et si elle ne l'est pas, ce n'est plus une voie romaine, mais un mauvais chemin kimrique ou mérovingien.

Cette vieille idée est un peu due à M. de Caumont, qui l'émit lors de ses premières études et qui l'a regrettée, quoiqu'elle ne portât pas l'exagération que lui ont donnée ses trop zélés successeurs.

Enfin la voie de Corseul au Mans est croche et ses similaires se comptent par centaines en France.

Cette voie comme toutes celles de la Bretagne est, sur le territoire des départements des Côtes-du-Nord et de l'Ille-et-Villaine, formée de plusieurs couches stratifiées, souvent sans pavage de fond, et on n'y trouve pas la moindre trace de scories, dont l'emploi est pour ainsi dire exclusif dans les départements de la Sarthe et de la Mayenne, et qui cesse presque brusquement en dehors de leur territoire jadis occupé par les Aulerces, Cénomans et Diablintes.

Si on calculait, par la quantité des matières employées, le nombre des ouvriers qui ont dû être occupés dans ce pays à la fabrication du fer, il serait invraisemblable à moins de prolonger les exploitations de quelque dix mille ans. Partout ailleurs les scories ne furent employées pour l'encaissement des voies qu'accidentellement.

Le Maine fut donc un foyer sidérurgique au temps des Gaulois, puisque les Romains trouvèrent une si

---

1. Nous l'avons fouillée, sur toute sa longueur, dans le département de la Sarthe.

grande quantité de scories pour chausser leurs premières voies, après la conquête.

Nous n'entendons pas dire, par là, que les exploitations furent abandonnées par ceux-ci ; mais il est certain qu'ils n'en firent point un aussi grand usage que les Gaulois.

On ne trouve effectivement guère de monnaies romaines des premiers empereurs dans les centres sidérurgiques du pays ; c'est seulement au temps des Antonins qu'elles y sont assez abondantes, et leur présence cesse tout à fait sous les règnes de Posthume et de Tétricus, dont les coins sont pourtant si communs partout ailleurs, dans les Gaules.

Les scories gauloises sont généralement bleues, assez plates et larvées ; celles des Romains consistent plutôt en agglomérats granuleux et moins foncés, à part de nombreuses exceptions, inévitables d'ailleurs.

Les voies magistrales des Cénomans et des Diablintes sont presque toutes pavées, au statumen, soit de gros morceaux de scories, soit de grosses pierres ordinairement en roussard ; pavage tantôt régulier, tantôt rudimentaire. Les couches supérieures sont formées de scories sur 0^{m}50 à 1^m d'épaisseur, suivant la nature des terrains.

On comprend qu'avec des matériaux de cette nature, les stratifications avec liaison de maçonnerie ou de terre glaise devenait bien inutile. Ce qui prouve une fois de plus, que les voies romaines n'étaient point construites suivant des règles uniformes, comme on l'a dit, mais bien suivant les ressources du pays.

⁂

La découverte des ruines de Crouciatonnum, que nous venons de faire (15 septembre 1895), à Beuzeville-au-Plein, au nord de Sainte-Mère-Eglise (Manche), n'est pas sans intérêt pour les questions de géographie gallo-romaine, qui viennent d'être touchées[1]. Elle fixe irrévocablement le tracé de la voie romaine, en ligne directe, entre Bayeux et le cap de la Hague, par Alauna, dont l'intégrité ne pourra plus être affectée, car nous venons de retrouver le Castellum de cette importante Civitas qui fut incontestablement la capitale des Unelles.

Coriallo ne saurait donc être recherché vers Cherbourg sans que cette ligne fut coupée par celle de Cosedia, et, cette dernière chaussée court vers Saint-Brieuc, sur Corseul,

[1]. Dom Bouquet qui n'a pas fait merveille dans ses études géographiques du pays, voyait Crouciatunnum à Saint-Côme. — D'Anville, qui suivant Biseul, a infesté l'Armorique d'erreurs, place la même ville à Alauna, qu'il transporte vers Saint-Pair, au bord de la mer, en contradiction formelle avec la Table, le seul document qui en fasse mention. — L'abbé Bellay, dont les études géographiques du Cotentin sont trop imaginatives, copie simplement son devancier. — De Caumont, de Gerville, le colonel Laplc, Reichard, Walkenaer, A. Bertrand, de Kerviler, le Canu et de Potiche, adoptent la théorie de Dom Bouquet en initiant Crouciatonnum à Saint-Côme. — Desjardins, Longnon et le chanoine Pigeon préfèrent Carentan. — Rostaing, pour varier, choisit Sainte-Mère-Eglise. — Dans ces laborieuses recherches, les auteurs se sont égarés en confondant la voie d'Alauna à Subdunum (Le Mans) avec celle d'Alauna à Bayeux, qui leur était inconnue. — La voie du Mans passe près de Sainte-Mère-Eglise, à Saint-Côme, Carentan, Saint-Lô, au nord de Vire, au Châtelier, Bagnolles, Saint-Georges, Mézières, la chapelle Saint-Fray, la Milesse et Saint-Aubin. Elle a été fouillée sur une grande partie de son parcours. — La voie de Bayeux court sur BEUSEVILLE, les Chaussées, le Grand Chemin, le Grand-Vey (tous noms caractéristiques), d'où elle gagne Bayeux en passant sur les dunes qui étaient alors terre ferme.

suivant le tracé très précis de la Table Théodosienne, qui est comme nous l'avons déjà dit d'une clarté limpide.

Tout en corroborant les solutions préconisées *supra*, ces deux découvertes prouvent encore l'exactitude véritablement surprenante de la Table, puisque les mesures qui y sont indiquées correspondent exactement à l'emplacement des ruines de Crouciatonnum et d'Alauna.

Cette Table tant calomniée et si peu comprise, se révèle comme le monument le plus important de la géographie gallo-romaine, grâce au concours de l'archéologie, trop négligé.

Cet ouvrage a été publié dans le *Bulletin archéologique de la Mayenne* en 1894 et 1895.

Imprimerie Lavalloise, rue du Lieutenant, 2 et 4.